I0422405

Andrea Vallarino

Homo Hereticus
Sulle orme gnostiche di Cristo

Il vero Cristianesimo altro non è se non lo strumento scelto dal Dio di Luce per riaffermare la conoscenza primordiale, la coscienza dello Spirito. Intenderlo come professione di fede appare profondamente riduttivo, limitarlo ad un campo d'azione umano teorizzante una religione di massa. E' invece il Libro Arcano scritto dal Padre ed editato dal Figlio che chiunque ne senta la necessità può studiare per giungere alla Salvezza. Al suo interno pagine dirette a tutti gli uomini, scritte nel linguaggio universale della Fratellanza.

All'Unico Vero Maestro mai apparso nel mondo

IL PERCORSO NASCOSTO

Siamo stati tutti ingannati, questo è il punto di partenza per questo lavoro. La nostra storia da sempre è stata alterata, deviata dal suo naturale corso per mano di poche persone capaci nel corso dei millenni di tramandare un potere capace di asservire e condizionare. Nulla è cambiato, se non i sistemi di controllo passati da stermini e violenze (pur se ampiamente anche oggi utilizzati) a sottili mezzi di coercizione tanto nascosti quanto intellettualmente feroci. Nel nostro tempo non è più tanto il corpo ad essere oggetto di oppressione, quanto la mente e le sue scelte. Governando il pensiero si ottiene rapidamente la massima obbedienza possibile, limitando al minimo ogni volontà di reazione. Siamo prigionieri di false informazioni, miti indotti per i quali avere è il solo specchio per essere, controlli diretti e sublimali giustificati da necessità di sicurezza. Induzioni alla paura che provoca separazione e divisione delle classi non appartenenti al potere dominante. Non si illuda di essere libero chi possiede un quadro sociale superiore alla massa, esso stesso è schiavo del sistema. Di tutto questo parleremo.

Certamente però l'inganno più perverso diretto alla storia delle genti proviene da chi dovrebbe portare pace, amore e giustizia fra gli uomini. Un Uomo passato nel mondo più di duemila anni fa ha insegnato come raggiungere in terra l'incontro con il Cielo, consegnando le Chiavi della Conoscenza di un Mistero attraverso il quale ogni essere umano su questa terra possa trovare dentro di sé il valore spirituale della divinità. Esiste infatti nel percorso di Cristo un insegnamento gnostico ferocemente inviso ai gestori della religione, perché capace di distruggerne ogni potere terreno. Non esiste infatti nessuna parola detta dal nazareno crocefisso che possa essere riconducibile alla necessità di un organo di intermediazione fra gli uomini e Dio. Tutte le accuse da lui lanciate verso il Sinedrio e gli avvertimenti a non credere in templi di legno e di pietra generano già sospetti precisi sulla conduzione del suo pensiero, sulla possibile manipolazione perpetrata nel corso dei millenni. Così come neppure la sua concessione ad un solo uomo di rappresentarlo sulla terra appare credibile e anche concedendo a quest'ultima ipotesi un valore di verità, certamente a Pietro o chi per lui non veniva accreditato alcun dogma di infallibilità. Con buona probabilità lo stesso Gesù apparteneva ad una comunità precristiana fondata sui misteri gnostici, della quale era divenuto capo carismatico in quanto dotato di poteri non comuni. Di questi misteri, forse abiurandone il giuramento di segretezza, aveva deciso di rivelare al mondo ogni insegnamento nascosto. Tutti i riscontri storici di questa ipotesi troveranno ampio spazio nel libro, per il momento occorre anticipare come tutti i portatori di questa verità siano stati nel corso dei secoli sterminati od oppressi con una ferocia che con il percorso del Redentore nulla aveva a spartire. Catari, Esseni, gli stessi Templari e molti altri custodi del segreto sono stati massacrati e spesso indicati come sette esoteriche dedite al culto di satana. Sono stati disseminati nella storia incredibili depistaggi per evitare qualsiasi possibilità di accertare un percorso cristiano diverso da quello indicato. Sono stati promulgati dogmi, leggi, tribunali come la Santa Inquisizione assolutamente antitetici all'insegnamento di Cristo, trasformando le sue parole in un granitico baluardo per la costituzione di un centro di potere assoluto. Ancor più radicalmente questo avvenne dopo il Concilio di Nicea del 325 che consegnava alla cristianità il ruolo di religione di Stato, anzi di Impero. Questo avvenne non per la conversione di Costantino, ma per la certezza che il cristianesimo aveva raggiunto radici talmente profonde da rendere impossibile ogni tentativo di estirparle. Occorreva quindi assoggettarlo rendendolo apparentemente libero di manifestarsi, ma allo stesso tempo costituirlo come religione piramidale con al vertice il potere dominante. Alla storia appartengono infiniti indizi di come sia stato impedito ai popoli di raggiungere l'indipendenza sia in campo spirituale che sociale attraverso ogni sorta di artifici ed azioni spesso di matrice estremamente violenta, difficile pensare alla possibilità di capovolgere la piramide assegnando ad ogni essere umano libero destino. Sia in campo religioso sia nel sociale, la libertà di pensiero viene sempre associata a un potenziale pericolo di disgregazione dell'obbedienza verso il potere. Immaginiamo quindi come un potenziale leader carismatico come Gesù, capace di incendiare le masse in un periodo storico dove la spiritualità era molto profonda, poteva essere considerato. Il quel tempo, il controllo dello spirito veniva esercitato quasi esclusivamente attraverso la paura del castigo divino. Nella Bibbia la figura che emerge è spesso quella di un dio vendicatore che pretende obbedienza assoluta per non scagliare i suoi fulmini. Appropriarsi delle sue leggi significava diventare padroni della coscienza umana, strategia seguita con successo dalla chiesa nel corso dei secoli. Quando l'autorità religiosa comincia a perdere il controllo su influenze esterne capaci di metterne in discussione il primato stabilisce alleanza con il potere politico per eliminare il problema. In quest'ottica gli Scribi del Sinedrio affidano ai romani la condanna di Gesù, così come la strage dei Catari viene orchestrata da papa Innocenzo III con il beneplacito del Re di Francia Filippo Augusto. Un'altra alleanza fra papa Clemente V e Filippo IV di Francia detto il Bello permette lo sterminio dei Cavalieri Templari guidati da Jacques De Molay, quest'ultimo arso vivo a fuoco lento dopo feroci torture. Altri esempi dei tanti martiri caduti in nome di Cristo non possono far dimenticare il riformatore ceco John Huss, arso al rogo dal Concilio di Costanza nel 1415, seguito l'anno dopo dal martirio di Jerome di Praga anch'egli condannato al rogo. Giordano Bruno, Savonarola e molti altri furono messi a morte per aver professato convincimenti ritenuti eretici. Nei trenta anni intercorsi tra il 1540 e il 1570 non meno di novecentomila Protestanti furono messi a morte dai papisti in diversi paesi europei. Durante i 4 anni di regno di Papa Paolo IV (1555-59) la Santa Inquisizione da sola ne uccise centocinquantamila. L'asse di potere politico-religioso

3

emerge in tanti altri momenti storici, non ultimo la dissennata mancata condanna della chiesa pontificia al regime nazista di Hitler. Tornando al percorso di Cristo, per comprendere quanto dirompente fosse stata la sua predicazione occorre calarsi nel momento storico di allora. La Palestina, oppressa dalla dominazione romana e dal collaborazionismo dei suoi capi politici e religiosi, poneva il suo popolo in condizioni disperate. Focolai di rivolta accesi dagli Zeloti venivano spenti nel sangue anche con la distruzione di interi villaggi come Sefforis. In questo panorama, ovvio pensare che l'avvento di un leader che portava parole di speranza e libertà fosse immediatamente associato al Messia liberatore promesso dalle Sacre Scritture. Nei momenti difficili, oggi come allora, l'affidarsi alla spiritualità diventa fondamento essenziale per la sopravvivenza stessa. Da ricordare anche come nel tempo di Cristo non esistevano "distrazioni" al culto dell'anima che quindi era profondamente radicato nell'individuo. Politicamente quindi Gesù trovava nel momento storico un humus assolutamente perfetto per l'espandersi della sua dottrina. Da notare anche come fra gli apostoli fossero presenti Simone il Cananeo appartenente agli Zeloti (come detto propugnatori della rivolta) e Giuda Iscariota certamente simpatizzante degli stessi se non direttamente collegato. Questo fatto non è da sottovalutare nel gradimento che Cristo poteva così ottenere anche dalle frange più estremiste del popolo. Se davvero il nazareno possedeva poteri non comuni derivati dall'esperienza gnostica, tali da permettergli azioni descritte come miracoli dai vangeli tradizionali, questo lo aveva portato a rivestirsi di un'aura di soprannaturalità presto diventata cemento per la diffusione del suo credo. Con un'espressione mutuata dai nostri giorni, potremmo scorgere in Cristo la figura di un populista capace di attirare l'attenzione attraverso quel che il popolo vuole sentirsi dire, anche se chiaramente il nazareno non può essere accostato ad un semplice imbonitore delle piazze. La sua espressione spirituale e dottrinale era talmente potente da porre in secondo piano qualsiasi risvolto politico e si rivolgeva essenzialmente ad un rilancio della persona, collegata individualmente alla massa attraverso la fratellanza universale senza per questo diventare elemento spersonalizzato di ciò che Manzoni indica come "gigante senza testa".

Cristo uomo seminava un insegnamento che non è stato comunque possibile estirpare dal mondo. Se ancora oggi questo esiste, certamente colui che è stato ucciso duemila anni fa possedeva in sé stesso la certezza del Divino.

Uomo, ma con un profondo legame con Dio possibile ad ogni essere umano come gli insegnamenti gnostici propongono. Questa possibilità è stata oggetto nei secoli di un perverso disegno di occultamento, di fatto si è cercato di cancellare la possibilità della Salvezza Eterna insita in ogni individuo. Si è imposta l'attribuzione di questo potere salvifico ad un organismo privo di qualsiasi investimento divino addirittura capace di professarsi dispensatore di redenzione in cambio di denaro, il mercato delle Indulgenze di medievale memoria. O scrivere una terrificante pagina orrorifica con il Sinodo Cadaverico, quando la salma di papa Formoso venne riesumata, rivestita con gli abiti cerimoniali e sottoposta a processo da papa Borgia. Con tanto di testimoni, avvocato difensore e condanna finale.

Non è comunque la criminalizzazione della chiesa romana l'obiettivo di questo viaggio temporale, ma principalmente ricordare l'esistenza dell'occultato antico percorso della dottrina gnostica. Tutto quello che nel tempo ha riguardato la parola di Cristo merita approfondimento e profonda riflessione, solo con la feroce volontà di comprendere potremo anche solo intuire la presenza di Dio.

Perché l'esistenza di un Essere Supremo travalica ogni dubbio e naturale diventa anche la conseguente concretezza di un suo opposto, demiurgo o angelo scacciato che sia.

Ogni cosa nell'universo possiede una sua collocazione, solo all'uomo è stato impedito di raggiungere compiutamente la sua.

IL MISTERO DEGLI INSEGNAMENTI GNOSTICI

Il termine Gnosi ha origine dalla parola greca gnosis cioè conoscenza, in questo caso assoluta e indiscutibile di ogni Verità Divina. E' presente in ogni civiltà e nessuna fede o istituzione può vantarne diritti in quanto patrimonio individuale dell'essere umano. Teurgia è un altro nome con cui viene indicata, letteralmente creazione di divinità.

Lo studioso Samael Aun Weor, autore di *La dottrina segreta di Anawak*, definisce lo gnosticismo come *un processo religioso molto intimo, naturale e profondo. Un esoterismo autentico, basilare, che si sviluppa d'istante in istante con esperienze mistiche molto personali, completo di dottrina e riti propri. Un percorso straordinaria che fondamentalmente adotta la forma mistica e a volte mitologica. Una magica ed ineffabile liturgia con una viva istruzione per la coscienza superlativa dell'Essere.*

Lo gnosticismo attraversa ogni cultura. Da quella cristiana a quella egizia, pagana, buddhista, islamica, sufi, maya, tolteca e molte altre. Non contiene alcun dogma o teorie comportamentali di alcun genere, non indica vie da da seguire se non sperimentalmente su se stessi. Scopo raggiungere le Chiavi della Conoscenza capaci di spalancare ogni porta nascosta portando l'individuo all'incontro con Dio. Non considera quindi alcuna strada alternativa alla Salvezza se non quella seguita individualmente, rigettando qualsiasi intermediazione verso il Creatore e assegnando a chi si proclama in tal senso portatore di verità una chiara matrice demoniaca. Forte la somiglianza con le teorie buddiste su Kundalini, energia del nostro corpo che attraverso la meditazione oltrepassa i sette Chakra fino ad aprire il terzo occhio con il raggiungimento del Nirvana. Trasferito in ambito strettamente politico e materialistico, forte la somiglianza con le teorie anarchico-cristiane che hanno visto nel corso dei secoli protagonisti attivi Tolstoi, Thoreau, Berdjaev, Weil e nel nostro tempo don Andrea Gallo, sacerdote genovese scomparso pochi anni fa. In sostanza, lo gnostico non pone alcuna delega di ricerca ad altri per quanto riguarda il compimento di se stesso, attribuendosi totalmente la facoltà di raggiungere Dio. Gesù rappresenta il perfetto compimento del percorso che da semplice uomo trasforma la materia in spirito, questo significa non attraversare l'esistenza in una sorta di misticismo isolazionista ma al contrario porre la propria esperienza al servizio di ogni creatura vivente. Pur se completamente slegato dalla materia, l'iniziato gnostico possiede una potenza spirituale capace di smuovere le montagne. Il Cristianesimo che ha pervaso il mondo è la principale prova tangibile di questo. Ma proviamo teoricamente a considerare la gnosi anche una specie di stato iniziatico che può essere "inconsapevole", cioè insito in un essere umano indipendentemente dalla sua pratica. Una spiegazione di questo può essere raffrontata con le teorie della reincarnazione, principalmente induiste e buddiste ma anche accettate dai Catari, secondo le quali un'anima s'incarna più volte fino alla definitiva purificazione o comprensione del Tutto. Poniamo ad esempio Ghandi, San Francesco, Madre Teresa di Calcutta, Giovanna d'Arco, Nelson Mandela come migliaia di altri casi dove semplici persone quasi sempre prive di mezzi hanno realizzato opere impossibili da comprendere se non attraverso l'inserimento di un aiuto che alcuni chiamano Divina Provvidenza. Non è pensiero privo di fondamento considerarli esseri compiuti in uno stato spirituale profondamente avanzato capace di aprire porte sconosciute, non è azzardato neppure assegnare loro capacità di poteri arcani a loro ignoti ma decisivi nell'attuazione di ideali rivolti agli altri. Poteri più volte annunciati da Gesù stesso. Tutto è concesso a chi comprende la Parola, può scacciare i demoni come guarire le malattie. Smuovere le montagne come aprire le acque. Risollevare dalla morte come incendiare il mondo. L'insegnamento gnostico può quindi essere inteso come un non-insegnamento riferito direttamente alle esperienze di vita di ognuno di noi, esponenzialmente collegato all'accettazione del percorso terreno così come universalmente indicato. Più l'individuo si allontana dalla materia più la gnosi lo pervade, portandolo al compimento. Conseguentemente, esiste un percorso gnostico profondamente differenziato da individuo ad individuo. Per alcuni, pochi eletti, rappresenterà una semplice consacrazione con un ultimo passaggio terreno votato esclusivamente al bene comune lasciando profonde orme nella storia del mondo. Per altri sarà un percorso più o meno lungo e difficile, spesso impossibile e comunque sempre legato al Libero Arbitrio.

La gnosi rappresenta in semplici parole la rivoluzione delle coscienze, la cosiddetta ascesa al Pleroma, indissolubilmente sempre legata a tre elementi fondamentali *nascita, morte e sacrificio*.

La nascita è il risveglio della coscienza con il conseguente riaffermarsi dello Spirito Santo, Gesù ne parla quando pronuncia: *"In verità ti dico, se uno non nasce da acqua e da Spirito, non può entrare nel regno di Dio. Quel che è nato dalla carne è carne, quel che è nato dallo Spirito è Spirito"*

La morte deve essere intesa come "mistica", cioè l'annientamento delle proprie colpe nel corso della vita, raggiungibile osservando se stessi nelle azioni compiute come giudici giusti ed insindacabili.

Il sacrificio è parte indispensabile della gnosi, in quanto partorito dalla capacità di amare. Dare se stessi al mondo rappresenta il compimento autentico dello spirito, il sacrificio di Cristo per amore dell'umanità è l'archetipo per il raggiungimento del Regno di Dio.

La dottrina gnostica poggia su quattro fondamenta basilari: Mistica, Scienza, Arte e Filosofia. Ma è la prima ad assumere carattere preminente, in quanto trascinamento interiore verso Dio. Attraverso la Mistica ogni principio religioso di qualsiasi fede viene studiato, smembrato di ogni aspetto culturale e sociale e ridotto all'ossatura spirituale portante delle diverse fedi. Comprendere quale sia il vero fondamento di una fede significa assorbirne il potenziale arcano, fare propria la verità nascosta dietro infinite manipolazioni della stessa.

Scienza, Arte e Filosofia sono concezioni più legate all'uomo, attraverso le quali la gnosi si ricerca attraverso studi scientifici, opere d'arte o dettami filosofici. Pur rappresentando percorso essenziale, possiamo considerarle più una via per raggiungere lo stato di ricerca mistica. Inevitabilmente infatti ogni scienziato, artista o filosofo in eccellenza d'opera si troverà davanti alla domanda su cosa esiste oltre, che potrà liberamente sviluppare verso la mistica o confinare nel suo campo di pensiero.

In senso stretto, la gnosi rappresenta il nutrimento della coscienza e per questo deve essere svincolata da qualsiasi coinvolgimento materialistico. L'individuo quindi non potrà identificarsi con ciò che lo circonda, siano credo religioso, ideologia politica, famiglia stessa, ma mantenersi in stretto contatto con la propria essenza. La percezione diretta e istintiva della Verità priva di qualsiasi sofisma intellettuale o assunto ideologico diventa percorso di interiorizzazione capace di liberare la coscienza da ogni pastoia terrena, ponendo l'essere umano in uno stato di sublimazione spirituale.

Questo, come detto, non significa trascorrere l'esistenza in stato ascetico lontano dal mondo ma viceversa esserne parte integrante e attiva, con la consapevolezza si tratti di uno stato transitorio.

Esiste della gnosi anche l'antitesi demoniaca, la Goetia che attraverso evocazioni sataniche cerca successi materiali. Molto seguita nei nostri tempi, conduce il malcapitato mago verso una assoluta servitù al mondo delle tenebre. Sono gli stessi appartenenti a questi culti a definirsi gnostici, assegnando alle loro pratiche il valore di percorso alternativo alla conoscenza, certamente senza alcuna credibilità filosofica ma con l'evidente intenzione di consegnare alla gnosi un valore negativo. Certamente la possibilità di uno sviluppo spirituale indipendente da fedi costruite a tavolino rappresenta una minaccia per qualsiasi centro di potere religioso. Immaginiamo cosa accadrebbe se l'individuo trovasse in se stesso la capacità di raggiungere un contatto diretto con il divino privando le chiese del carpito potere di intermediazione. Da questa semplice considerazione è facile comprendere l'ostracismo e la demonizzazione da sempre riversate sulla gnosi, chiaro esempio il calvario subito da alcuni antichi documenti ritrovati nella seconda metà degli anni cinquanta. Assegnati all'approfondimento di scienziati facenti parte di una equipe internazionale, si dice fortemente condizionata dal Vaticano, per oltre cinquant'anni vissero depistaggi, riduzione al silenzio delle voci dissidenti, trasferimenti di sede e competenze, attacchi della chiesa in special modo attraverso l'ordine dei gesuiti.

Fra questi documenti un vangelo apocrifo attribuito a S. Tommaso e reso quasi invisibile dal Vaticano, addirittura scritto da eretici secondo Eusebio di Cesarea. Rappresenta un chiaro insegnamento a rifiutare qualsiasi intermediario fra l'uomo e la divinità, con l'anima a dialogare con Dio liberamente verso la conquista maggiore, la conoscenza di se stessi fondamento della gnosi. Questo vangelo venne ritrovato nella primavera del 1945 in una località egiziana vicina a Luxor, durante alcuni scavi. All'interno di una giara in argilla contenente a sua volta una piccola brocca venne recuperato un antico rotolo di lino cerato e bitumato che conservava alcuni manoscritti, poi ribattezzati codici di Nag-Hammadi dal luogo del ritrovamento e risalenti al primo secolo. Alcuni furono distrutti, altri meglio conservati portati al Cairo e venduti. Tra essi il vangelo di San Tommaso, scritto in copto, anche se si trattava di una traduzione di un vecchio manoscritto in aramaico che era la lingua parlata da Gesù. Il copto era un idioma conosciuto da pochi colti, quindi certamente estraneo alla comunità ebraico-cristiana. Molti studiosi sostengono che il vangelo di San Tommaso è erroneamente classificato come quinto vangelo essendo stato scritto molto prima dei quattro vangeli conosciuti. L'apostolo Tommaso avrebbe trascritto centoquattordici detti, frasi pronunciate da Gesù mentre era ancora in vita. Leggendolo, ci si rende conto immediatamente di quanto differenzi dai quattro canonici. Non presenta alcun accenno alla nascita, ai miracoli, alla crocefissione, alla resurrezione di Cristo. Non c'è alcun riferimento al popolo ebraico, ma le parole sono rivolte a tutta l'umanità, alle generazioni presenti e future. Senza alcuna distinzione. Anche preghiera, elemosina e digiuno vengono rigettati e particolarmente indicativa la spiegazione data ad alcuni Giudei sulla cacciata dei mercanti dal tempio e sulla sua distruzione come inutile struttura di cemento colma di ricchezza. Certamente, pensando alla missione di Cristo sulla terra, le parole raccolte in questo antico documento sono quelle che più si avvicinano all'immagine che di Lui vive l'immaginario collettivo. Nel vangelo di S. Tommaso molti versetti riconducono alla gnosi, l'assunto: *"Il Regno di Dio è dentro di te e tutto intorno a te. Rompi un pezzo di legno ed Io ci sarò, solleva una pietra e lì Mi troverai"* è illuminante verso qualsiasi asservimento della parola di Cristo ad un potere temporale e chiaramente invita alla ricerca interiore personale. Il concetto di una usurpazione della Parola da parte di falsi intermediari viene poi rimarcato nel versetto: *"I farisei e gli scribi hanno ricevuto le Chiavi della Conoscenza, ma essi le hanno nascoste. Non hanno saputo entrare essi stessi, né hanno lasciato entrare quelli che lo desideravano. Ma voi siate astuti come i serpenti e puri come le colombe."*

Parole dure che hanno un significato dirompente, capace di minare alla base qualsiasi indirizzo religioso venga messo in essere da estranei all'individuo. L'avvertimento riconduce chiaramente a chi possedendo le fondamenta della gnosi le ha nascoste per impedirne la conoscenza e rivela come, con ogni probabilità, questi falsi profeti alla gnosi abbiamo sostituito la sua antitesi demoniaca, quella Goetia che attraverso evocazioni sataniche insegue ricchezze e potere. Cose queste ultime che alla chiesa tradizionale certamente non sono mai mancate.

Di particolarmente interessante nel Vangelo di S. Tommaso troviamo poi molti versetti con profonde similitudini in altri riportati nei Vangeli tradizionali. Essendo l'apocrifo scritto in periodo antecedente, logica vuole che gli autori dei sinottici lo abbiano avuto a disposizione ed in una sorta di copia-incolla ne abbiano prelevato alcuni assunti. Manipolandoli, adattandoli a momenti politici e religiosi dell'epoca o su pressioni della chiesa non è dato dirlo. Certamente lo spartiacque del cristianesimo è il Concilio di Nicea, come abbiamo visto legato più a logiche politiche che spirituali. In quell'occasione tutti i testi evangelici in possesso della chiesa vennero valutati e si decise quali dovevano essere adottati e quali bollati come falsi o addirittura eretici. Con ogni probabilità straordinari documenti nei quali la figura gnostica del Cristo era punto focale furono cancellati dalla storia del mondo, impedendone per sempre l'accesso. Altri rotoli di straordinario interesse vennero ritrovati in più occasioni, i più importanti a Qumran nel 1947. Ancora oggi risulta assolutamente incomprensibile l'occultamento scientifico e dogmatico dei quali sono stati oggetto. Con ogni probabilità molti rotoli portavano precise indicazioni sulle vere origini del Cristianesimo, capaci di travolgere l'essenza stessa della chiesa cattolica. Chi volesse approfondire l'argomento degno di un vero è proprio noir politico-religioso può consultare "Il mistero del Mar Morto" di Baigent e Leigh, fondato su precise fonti di cronaca dal giorno del ritrovamento ad oggi.

Di tutto questo ogni individuo può dare libera interpretazione. Individuare lo gnosticismo come una concreta possibilità di salvezza, un mezzo esoterico, una leggenda, una favola, un tentativo eretico di criminalizzare la chiesa cattolica, addirittura un depistaggio da Dio ordito dalle legioni di satana. Il più grande dono che abbiamo ricevuto insieme alla vita è il Libero Arbitrio, niente e nessuno può inficiarlo compresa una eventuale entità demoniaca. Siamo comunque padroni del nostro destino e solo da noi dipende il percorso seguito. Certamente tanti sono i misteri celati nella storia, tanti gli indizi di un Cristo segreto che segreto non era ma tale è stato fatto diventare, tante le domande alle quali è stato opposto un altissimo muro, troppi che cercando una diversa verità sono stati martirizzati, sterminati, bruciati sul rogo, torturati, scherniti, emarginati, esiliati, imprigionati, diffamati, ridotti al silenzio, cancellati dalla memoria.

Oltre ai tanti crimini commessi per indurre silenzio e oblio, anche le definite apocrife parole di Cristo: *"Chi parla in Mio Nome si trova davanti a mille tormenti, ma il con suo sacrificio indica al mondo la strada verso la Verità e la Salvezza."* dicono che tutto questo merita comunque attenzione.

Attenzione che può diventare curiosità, trasformarsi in desiderio di approfondimento, elaborazione, studio, progetto mistico personale. La gnosi non è imposizione ma scelta, potremmo dire rappresenti il vero significato del Libero Arbitrio. Tutto accade senza alcun intervento divino, è una strada che siamo liberi di percorrere affrontando gli eventi terreni o restando schiacciati da essi. Ogni storia umana trascorre e si costruisce su incontri, fatti accaduti, momenti di gioia e dolore capaci di segnarla per sempre e senza i quali tutto sarebbe diverso. Una mano di uomo o di donna, una scelta, una ferita aperta dal destino, la fortuna sorta dalla terra, un figlio perduto lasciano nell'individuo un marchio capace di segnarne l'esistenza in positivo o negativo e costruirne il trascorso terreno. Ciò dipende esclusivamente dall'elaborazione dell'accaduto affidata alla razionalità umana e alle differenti visioni e capacità della persona, rendendo ogni sviluppo diverso dall'altro.

Il percorso gnostico annulla ogni differenza fra gli individui, che da un punto di vista terreno è segnata unicamente dal possesso di caratteristiche sociali, intellettuali, etniche ed anche fisiche che le producono. E' un processo di liberazione esoterico personale, capace attraverso la conoscenza mistica di trasformare il microcosmo dove l'uomo è rinchiuso in un macrocosmo, meglio a diventarne totalmente parte integrante.

LA GRANDE ERESIA DEI CATARI E IL REX MUNDI

Prima di entrare nel mondo cataro, è opportuno analizzare il vero significato delle parole *"Setta"* , *"Esoterismo"* e *"Eresia"* alle quali si è voluto dare un valore negativo quando non addirittura demoniaco. E' abbastanza comune il loro rimbalzo nell'immaginario collettivo come unioni di persone dedite ad azioni perverse e pratiche legate a ricerche occulte e tenebrose.

Con la parola setta vengono alla mente incappucciati dediti a culti orgiastici o sacrificali, sfruttamento di persone ingenue da parte di leader carismatici capaci di imprigionarle in falsi ideali, massonerie deviate, organizzazioni razziste, suicidi di massa con nulla a che vedere con l'Endura, l'abbandono volontario della vita praticata proprio dai Catari.

Alla parola esoterismo si associano riti segreti, pentacoli magici e sacrifici umani, evocazioni diaboliche, sortilegi e fatture, ogni sorta di depravazione che letteratura e cinema gli ha attribuito.

L'Eretico è comunemente indicato come bestemmiatore, idolatra del demonio e spesso dallo stesso posseduto. Perverso e malvagio, trascorre l'esistenza nell'odio verso Dio.

Pochi conoscono come la parola setta nasca dal latino *secta* (da *sequi,* procedere in una direzione o seguire) e *secare* (tagliare, interrompere).

Esoterismo ha radici greche, deriva da *esotericos* a sua volta sviluppato in *esoteros* che significa interiore. Si contrappone a *exoteros* (esteriore).

Eresia deriva dal greco *hairesis* (scegliere, afferrare) che indicava scuole filosofiche come lo stoicismo e il pitagorismo senza possedere alcuna caratteristica tenebrosa.

Una setta eretica esoterica è quindi nel reale significato un gruppo di individui legati dall'interesse verso un insegnamento distante dagli aspetti di dottrine esistenti e maggioritarie, dalla quale sceglie di differenziarsi con la totale mancanza di dogmi e precetti immutabili. Tale interesse è perseguito attraverso la personale introspezione, con progressivi stati iniziatici legati al livello di conoscenza dei diversi adepti.

Disegnarla come il postribolo di empi e scellerati cultori del male è profondamente falso, curiosamente ribadisce il concetto assegnatole dalla chiesa a partire dallo sviluppo del catarismo e altri gruppi eretici attorno all'anno 1000.

Le sette occulte dedicate al satanismo che proliferano nel nostro tempo nulla hanno in comune con l'insegnamento gnostico. Possiamo dire che attraverso la forzatura concessa loro dal patto diabolico stabilito attraverso l'utilizzo di particolari antichi riti, riescono ad accedere a conoscenze che incidono esclusivamente sul piano materiale, pagando un altissimo prezzo.

Se i sette specchi esseni riflettono le azioni e lo spirito dell'uomo permettendone la progressiva evoluzione, così lo specchio nero dei satanisti riflette al negativo ogni immagine di divinità.

Sulla setta dei Catari si sono scritti oceani di parole. Molte con precisi riferimenti storici, altre ad uso e consumo di romanzi e saggi più o meno credibili. Il termine Catarismo, per verità storica, appartiene agli Inquisitori che ne hanno fatto strage. Gli adepti alla setta si definivano Buoni Uomini o Buoni Cristiani. Su questa arcana setta sterminata dalla chiesa cattolica romana le notizie accertabili risalgono attorno al 1000 e si concludono nel 1250 circa, ma certamente le loro radici sono ancorate in epoca precristiana e agli Esseni, altra setta pervasa di mistero alla quale secondo alcuni si pensa potesse appartenere Gesù. Oltre agli Esseni, il Catarismo si è sviluppato sulle orme di altri movimenti spirituali che hanno attraversato i secoli adattandosi alle necessità e attese caratteristiche della loro collocazione geografica e storica. Zarathustra, Manicheismo, Paulicianesimo, Marcionismo, Bogomillismo sono tutti riconducibili allo stesso amore per la ricerca della Verità e con ogni probabilità legati fra loro attraverso la conoscenza e la trasmissione di scritti segreti.

Per i Catari di pensiero assoluto il mondo materiale vieniva inteso come un'illusione creata totalmente dal Rex Mundi, malvagia entità soprannaturale opposta al Dio di Luce portatore di ogni dono spirituale e in alcun modo responsabile di tutti i mali che affliggono l'uomo. Sofferenze e morte che rappresentavano invece il nutrimento del demiurgo descritto nell'antico testamento, creatore della materia e di tutte le leggi che la governano. Padrone assoluto della non spiritualità.

Esisteva poi un pensiero cataro più moderato che guardava a Satana non come ad un dio entità negativa assoluta ma pensandolo come angelo ribelle scacciato, comunque creatore del mondo.

L'uomo era quindi inizialmente una entità angelica convinta alla ribellione dalle lusinghe di satana e da questi imprigionata poi nel corpo umano, per impedire qualsiasi ritorno verso Dio. La procreazione strumento per assicurare la proliferazione di esseri da porre sotto il controllo diabolico assicurando così energia vitale al demiurgo.

L'uomo si considerava diviso in tre parti: corpo creato dal dio del male, anima parte divina imprigionata che conserva memoria del Bene e deve ricongiungersi allo Spirito rimasto nel Regno di Dio. Uniti come all'inizio dei tempi, prima di essere separati dall'inganno di Satana.

I Catari credevano nella reincarnazione come nei culti orientali, dove solo dopo aver raggiunto Dio recuperando l'entità angelica ci si può sottrarre ad un eterno ciclo di vita e morte voluto dal demiurgo e reso possibile dall'inganno della procreazione.

Cristo per i Catari era un angelo di Dio giunto sulla terra sotto forma di puro spirito, sposando la teoria del docetismo dove ogni riferimento ad accadimenti terreni come crocefissione, morte, resurrezione e presenza nell'eucarestia è solo illusione creata dagli uomini. Di conseguenza per la chiesa catara era blasfemo dare simbolismo sacro alla croce e credere alla trasmutazione del corpo e del sangue di Cristo durante i riti eucaristici.

I Catari riconoscevano valore di preghiera unitamente al Pater Noster, pur con leggere varianti rispetto al tradizionale. Non consideravano in alcun modo autentici i sette sacramenti imposti dalla chiesa cattolica, compreso il battesimo sostituito idealmente dal Consolamentum, uno dei pochi riti catari. Veniva ricevuto attraverso l'imposizione delle mani dopo un lungo cammino iniziatico, aprendo la strada alla comunicazione con lo Spirito Santo e concedendo al cataro credente il grado di Perfetto. Procedendo sulla strada della perfezione gnostica, il Perfetto non poteva avere alcuna proprietà, mangiare carne o bere vino, consumare rapporti sessuali, addentrarsi nel mondo della magia o avvicinarsi ad altre religioni. Diventa così praticamente sovrapponibile la figura dell'adepto cataro con il monaco buddista, rivelando come esista reale possibilità del pensiero gnostico in confessioni e filosofie anche molto lontane dal cristianesimo. Verità storicamente accertata la tolleranza dei Catari verso fede islamica e ebraista a differenza dell'ostilità sempre rivolta alla chiesa cattolica. Cosi come sicura la stima dei Cavalieri Templari rivolta a filosofie orientali come quelle dei Sufi, dove si trovano le prime indicazioni sulla possibile trasmissione della conoscenza spirituale da maestro a iniziato.

Forzando ma non troppo le redini della storia, è possibile inserire idealmente tutti i gruppi gnostici all'interno di una grande e segreta fratellanza universale intenta a tramandare i misteri della spiritualità. E' possibile che consci dell'ostracismo e delle persecuzioni che avrebbero dovuto subire, fino allo sterminio delle loro comunità, i maestri iniziatici abbiano disseminato la conoscenza in tutto il mondo conosciuto. Un esempio di tale scelta strategica può essere individuata dall'investitura di Gesù agli Apostoli *"Andate ad incendiare il mondo in Mio Nome"*.

Si può anche affermare con certezza che chiunque possegga un patrimonio mistico di tale immenso valore non esiterebbe un solo istante a sacrificare la sua stessa vita pur di tramandarlo, lasciando alla storia del mondo l'attesa del giusto tempo per la sua consacrazione. L'immagine corretta può essere quelli di semi profondamente interrati sotto una spessa coltre di ghiaccio, pronti a sorgere al primo disgelo.

L'avvento del cristianesimo fu la prima occasione per un ribaltamento della piramide. La venuta di Gesù rappresenta, aldilà dell'insegnamento cataro o cattolico, il momento storico dove le condizioni sociali, politiche e religiose del mondo erano perfette per il diffondersi di una spiritualità profonda e lontana dai crismi dogmatici. Pur fortemente limitata, prima violentemente con le persecuzioni ai cristiani quindi politicamente attraverso il Concilio di Nicea, non cessa di radicarsi fino all'anno 1000 quando un secondo momento storico sembra consegnare una seconda opportunità. Con la chiesa cattolica quasi unicamente impegnata nella gestione dei diritti feudali, nell'elezione dei propri rappresentanti territoriali e con un esercizio quasi esclusivamente politico della religione, iniziarono a sorgere in Europa movimenti che ne attaccavano duramente la condotta. Il clero feudale veniva indicato come totalmente corrotto dalla ricchezza e dal potere, senza più alcun riferimento esplicito al Vangelo.

I primi focolai di dissenso si accendono nella Champagne, quindi si propagano verso Tolosa e Orleans attorno al 1020. Subito le cronache francesi definiscono i contestatori della chiesa come *"uomini di basso livello culturale, idioti e spregevoli, privi di qualsiasi moralità"* . Pur frenandola, gli intellettuali al servizio della chiesa non riescono comunque a sradicare la contestazione che nel 1143 in Renania vede sorgere il primo concreto segnale di quell'Eresia Catara capace, per più di duecento anni, di impegnare la chiesa cattolica in una dura lotta. Dalla quale uscirà sconfitta unicamente in ragione delle violentissime reazioni militari orchestrate dal potere papale.

Qui occorre una riflessione, in quanto i primi eretici erano certamente privi di grandi mezzi intellettuali e conoscenze teologiche. Non è logicamente spiegabile come, pur attaccati in ogni modo dal mondo intellettuale e clericale, abbiano resistito e sviluppato nello spazio di poco più di un secolo conoscenze tali da permettere ai loro membri "duelli" pubblici con accreditati teologi cattolici dai quali uscivano quasi sempre vincenti. Esiste una teoria, storicamente priva di qualsiasi fondamento ma ugualmente interessante, che i movimenti eretici avessero attirato l'attenzione di gnostici iniziati da Maria Maddalena nel corso della sua permanenza in terra di Francia. Questi maestri avrebbero rivelato i loro segreti ai ribelli della chiesa o addirittura costituito essi stessi la setta catara. Aldilà delle leggende, che comunque contengono sempre un fondo di verità, il propagarsi della dottrina catara in tutta Europa inizia a dare seria preoccupazione alla chiesa cattolica. La prima dura repressione avviene a Colonia, dove eretici catari che rifiutavano i sacramenti e le preghiere, escluso il Pater Noster, furono arsi sul rogo. Alcune cronache riferiscono cantando inni a Dio, senza mostrare alcuna paura. Difficile non avvicinarli ai credenti cristiani, usi a ringraziare il Padre Celeste prima di essere martirizzati nelle arene romane.

Il tragico epilogo di Colonia non ferma l'espansione del pensiero cataro, che principalmente in Linguadoca ed Occitania pianta profonde radici fino a diventare parte integrante della cultura. Inutili i tentativi di Bernardo, poi santificato dalla chiesa, di confutare le predicazioni di Enrico di Losanna a Tolosa e di convertire i catari albigesi. Inutile la condanna del Concilio di Tours del 1148 che decreta, per i catari praticanti la predicazione, il carcere e la confisca dei beni.

L'espansione del catarismo non conosce sosta e si consolida ancor più nella Francia meridionale, in Provenza, Linguadoca e penetra in Italia, specialmente nel Piemonte. Nel 1167 vicino a Tolosa i Catari aprono il loro primo Concilio, al quale partecipa tra gli altri il vescovo bogomilo Niceta erroneamente definito *"Papa Cataro"*. Vengono ufficializzate le chiese catare di Carcassonne, Tolosa, Albi e Agen nella Francia meridionale. E' la vera proclamazione di un cristianesimo alternativo libero dai fasti e dalle ricchezze, spirituale come indicato da Gesù.

Fra il 1178 e i il 1190 la chiesa cattolica vede fallire numerosi tentativi di accordo, mentre la situazione politica in Linguadoca diventa sempre più favorevole ai Catari con l'appoggio del conte di Tolosa Raimondo IV e del visconte Trencavel che controlla Albi e Carcassonne.

Diventa sempre più intollerabile per il potere della chiesa cattolica l'espandersi di un cristianesimo che potrebbe in breve tempo distruggerne l'autorità spirituale. La soluzione al problema arriva nel 1198 con l'ascesa al trono papale di Innocenzo III, che comprende subito come l'eresia catara vada stroncata con ogni mezzo. Invia dapprima Domenico di Guzman e Diego D'Azevedo nel tentativo di convertire i Catari attraverso dibattiti pubblici, ma i tentativi dei due predicatori cattolici di smantellarne l'eresia non sortiscono alcun effetto. Anzi i Catari ne escono rafforzati pur davanti ad avversari preparatissimi.

D'obbligo ricordare, a proposito di questa "battaglia" teologica, le parole di Cristo: *"Verrà giorno per voi eletti e ultimi giusti di essere portati fra le genti, falsi profeti vi chiederanno di ripudiare il Mio Nome. Non dubitate la verità, io vi donerò linguaggio e sapienza tali che i vostri nemici saranno costretti a cercare riparo nascosto".*

Innocenzo III continua la sua persecuzione contro i Catari emanando provvedimenti che prevedono esili, scomuniche, confische di beni, perdita dei diritti di successione e della facoltà di testimoniare, incapacità civile e interdizione dai pubblici uffici.

Ma anche questi tentativi non danno risultato, quindi nel 1209 il Papa decide di organizzare una crociata contro i Catari Albigesi adoperando come pretesto l'uccisione del legato pontificio Pietro di Castelnau. La prima crociata di cristiani contro cristiani riceve consenso quasi immediato dal Re di Francia Luigi VIII e dalla nobiltà, subito pronti a cogliere l'occasione di una guerra alla cultura occitanica. Nasce anche il famigerato Tribunale dell'Inquisizione, capace nel corso della sua storia di torturare e mandare a morte centinaia di migliaia di persone.

Nel luglio del 1209 i crociati entrano nella città di Béziers, ventimila persone vengono massacrate sotto la supervisione del legato pontificio Arnaud Amaury che incita alla strage indiscriminata degli abitanti con la famigerata frase: *"Uccideteli tutti, Dio saprà riconoscere i suoi".*

I crociati guidati da Simon IV de Montfort, poi ucciso nel corso dell'assedio di Tolosa, travolge quindi anche Carcassonne e altre numerose città e insediamenti catari. Successivamente, nel 1215, è lo stesso Luigi VIII ad intervenire nelle operazioni militari che prosegue fino al 1228, ottenendo in cambio dalla chiesa romana la cessione dei terreni confiscati ai Catari. La ricca Provenza viene devastata e ogni insediamento cataro decimato. Nel 1233 il nuovo Papa Gregorio IX invia sul territorio inquisitori domenicani e francescani che per oltre cento anni torturano ed uccidono presunti eretici.

Proprio l'uccisione di due degli inquisitori, massacrati con il loro seguito dalla popolazione inferocita, concede alla chiesa romana l'occasione per chiudere il conto con i pochi catari rimasti asserragliati, dal 1232, nella fortezza di Montesegur. Un piccolo esercito di mercenari e avventurieri allettati dal possibile bottino pone l'assedio nel 1243. Dopo una strenua resistenza nel marzo del 1244 la roccaforte cade e duecentoventicinque catari trascinati sul rogo. Si chiude così l'eresia fondata su valori cristiani assoluti, sterminata da un potere temporale che non poteva permettersi di perdere il controllo spirituale delle masse. La consacrazione del cristianesimo così come indicato dal Concilio di Nicea era assicurata, le rovine di Montsegur sono le fondamenta sulle quali ancora oggi si regge dopo lo sterminio degli Uomini Buoni.

Per verità storica ancora un Cataro fu ufficialmente riconosciuto come tale dalla chiesa, il suo nome era Guglielmo di Belibasta.

Venne arso sul rogo nel 1321 da Jacques Fournier, futuro papa Benedetto XII.

LE ORME SEGRETE DI GESU' CRISTO

Gesù Cristo oltre ogni dubbio è il personaggio storico che più ha sconvolto la storia del mondo. Uomo o Figlio di Dio sia stato, reali o immaginifiche le visioni che il tempo ha di lui tramandato, ogni suo passo sulla terra ha lasciato un segno capace di attraversare i secoli. Dell'immagine di lui che ci ha consegnato la chiesa cattolica conosciamo tutto, possiamo accettarla come dogma e come tale mai porla in discussione.

Come abbiamo visto esiste la prospettiva gnostica di Gesù, nella quale la sua venuta avviene come quella di ogni uomo. Quindi un corpo appartenete al materiale, un'anima contenente la memoria dell'appartenenza a Dio, uno Spirito rimasto nella Casa del Padre in attesa del ricongiungimento. Gesù rappresenta la parte transitoria di una trinità imperfetta diretta verso un dualismo perfetto, dove Cristo ne rappresenta invece il congiungimento di Anima e Spirito attraverso il percorso gnostico. La domanda che è opportuno porsi è come sia possibile, per un essere già unico e perfetto come dogma cattolico insegna, diventare esempio di perfezione assoluta senza aver mai conosciuto la strada necessaria a raggiungerla.

Una goffa similitudine può essere vista nel nuovo allenatore di una squadra sportiva che, senza conoscere alcuna caratteristica degli atleti, pretende di insegnar loro una nuova e difficile tattica di gioco dopo averla memorizzata leggendo libri scritti da altri. Senza averla mai studiata attivamente, senza mai aver praticato lo sport in questione. Con ogni probabilità il fallimento sarà totale, la squadra confusa e priva di identità andrà incontro a una serie di dure sconfitte e l'allenatore rimosso dal suo incarico. Diverso il risultato se il nuovo allenatore si presenta con umiltà e solo gradualmente, attraverso la preparazione fisica, tattica e psicologica degli atleti, introduce il nuovo metodo di gioco che lui stesso ha praticato e perfezionato in un percorso agonistico attivo. In questo caso la squadra potrà scendere in campo convinta di se stessa applicando al meglio i nuovi schemi di gioco. Gesù doveva necessariamente percorrere la strada comune a tutti gli uomini, per arrivare alla piena conoscenza del Cristo salvifico avvenuta attraverso l'esperienza mistica del battesimo ricevuto da Giovanni sul fiume Giordano.

Gesù Cristo ordinato dal Padre ad una missione salvifica (che comunque non esulava dal Libero Arbitrio e doveva essere quindi accettata dalla sua componente di uomo) doveva senza ombra di dubbio prima ricongiungersi a Dio e quindi raccogliere il frutto del seminato attraverso la Resurrezione, quell'evento ultraterreno capace di aprire il mondo alla rivoluzione cristiana. Senza la resurrezione, gli apostoli si sarebbero probabilmente dispersi e la figura di Gesù presto dimenticata nell'essenza, ponendo nella memoria collettiva il solo ricordo di un profeta o predicatore martirizzato. Qui entra in gioco la figura controversa di Maria Maddalena, elemento fondamentale del cristianesimo. Avversata dalla chiesa fino al punto di essere indicata come prostituta e oggetto di sospetto e diffidenza da parte degli stessi apostoli, la Maddalena è la prima, ma possiamo dire la sola, ad incontrare il Cristo risorto. Questo ha un significato ben preciso, se consideriamo la resurrezione non come ritorno della carne ma consacrazione dello Spirito. In sostanza Maria Maddalena, essa stessa iniziata gnostica, riceve direttamente da Cristo le Chiavi della Conoscenza con il compito di continuare l'opera del redentore. E' Maria Maddalena a convincere gli apostoli del ritorno del Maestro, è lei che insegna loro come incontrarne lo Spirito. Di chiara matrice gnostica la riunione dove Cristo consegna agli apostoli il potere dello Spirito Santo che permetterà loro di portare la Parola nel mondo, una sorta di procreazione spirituale in opposizione a quella materiale creata dal Rex Mundi.

La resurrezione, quindi, rappresenta il compimento gnostico di Gesù e come tale doveva essere tramandata. Il compito di realizzare la Vera Chiesa di Cristo e della divulgazione dei segreti gnostici fu chiaramente affidato a Maria Maddalena, sia per la sua elevazione spirituale sia per annientare le differenze uomo-donna rifiutate da sempre dagli gnostici. Eppure da quel momento la Maddalena scompare dalla storia ufficiale e sono gli apostoli di Simone Pietro a portare, secondo la tradizione cattolica, la parola di Cristo nel mondo. Si tratta di un insegnamento gnostico, non della cronaca di un evento sovrannaturale. Come detto in precedenza è la semina che permette ai semi della gnosi di attendere il momento propizio per sorgere dalla terra.

Sul perché si perdano le tracce della Maddalena non è difficile immaginarlo e certamente gli stessi apostoli hanno avuto parte in questa scomparsa. Già durante provati dall'amore che Cristo in vita aveva dimostrato verso di lei, risultava difficile accettare che anche dopo la morte il redentore la ponesse su un piano superiore. La Maddalena venne quindi considerata dagli apostoli unicamente la messaggera della resurrezione, senza minimamente considerare il fatto potesse essere chiamata a capo del Cristianesimo. La probabile fuga in Francia rafforza l'ipotesi che fossero proprio i dettami da lei indicati a provocare la fioritura dei movimenti eretici e della Chiesa Catara.

Di certo determinante nella scomparsa della Maddalena dalla storia è stata la chiesa cattolica, spaventata che una donna potesse assurgere a giuda spirituale. In un periodo storico durante il quale il sesso femminile era considerato poco più di un accessorio, questa possibilità appariva estremamente pericolosa e potenzialmente devastante per un potere chiaramente maschilista e misogino. Inizia cosi il depistaggio secondo il quale la Maddalena diventa una meretrice pentita, una semplice seguace di Gesù senza alcuna appartenenza agli apostoli, una donna di poca intelligenza priva di qualsiasi cultura e moralità, una opportunista che segue il redentore sperando in qualche vantaggio personale, una ragazza madre colpevole d'adulterio, addirittura solo una leggenda mai esistita davvero.

Non è certamente folle considerare che Maria Maddalena fosse diventata oggetto di una vera e propria persecuzione da parte dei sacerdoti. Abbandonata a se stessa dagli apostoli, rischiando concretamente la vita, si era quindi decisa a lasciare in segreto la Palestina. Se con lei portasse la figlia Sara, se la bimba fosse esistita e generata con Gesù o da un precedente rapporto non è poi così importante. Interessa solo da un punto di vista romanzesco e pseudo-scandalistico, rappresenta forse un altro tentativo di confondere le acque allontanando il pensiero dal vero insegnamento cristiano calamitando l'attenzione su particolari che per uno gnostico hanno poca rilevanza. Certo se Gesù nella sua natura umana e durante il percorso gnostico avesse anche affrontato l'inganno della procreazione realizzato dal Rex Mundi non sarebbe blasfemo accettarlo. Ma la nascita di Sara potrebbe anche essere intesa ad un livello iniziatico superiore, affermando che questo era accaduto per indicare che la catena della reincarnazione retta dal demiurgo non è indistruttibile. In sostanza, l'ipotetica figlia di Cristo giunta sulla terra poteva portare in se stessa il compimento della gnosi o l'assenza del Peccato Originale, tesi già accettata per la nascita di Maria Vergine madre di Gesù. Potrebbe quindi trattarsi di una sovrapposizione immaginifica fra le due nascite o di due elementi distinti, entrambi realizzati storicamente e spiritualmente. Certo risulta curioso come il dogma di Maria Vergine venga accettato dalla chiesa cattolica come tale, mentre ogni riferimento alla possibile nascita di una creatura priva di peccato concepita da Gesù non riceva alcun interesse, bollato nella semplice idea come grave blasfemia. Anche qui occorre rimarcare come l'accettazione di un possibile erede spirituale di Gesù comporterebbe uno spaventoso terremoto religioso, politico e sociale capace di ribaltare ogni cosa. Di tutto questo non esiste alcun preciso riferimento, va quindi interpretato come domanda individuale che quindi deve o può porsi cercando risposta dentro di sé.

Importante è comprendere come il messaggio salvifico di Cristo possa essere individuato nella sua completezza, scevro dalle devianze e manipolazioni dalle quali è stato fatto oggetto.

Se Dio è dentro ognuno di noi, creato a sua immagine e somiglianza come indicato dalla Genesi e accettato dalla chiesa, è quindi possibile raggiungerlo attraverso un percorso di ricerca interiore lungo e difficile ma comunque realizzabile. Se viceversa prevalgono le ipotesi del demiurgo o dell'angelo caduto come creatori del mondo materiale, rese blasfeme dalla chiesa, ugualmente il ritorno verso il Padre Celeste è percorribile unicamente attraverso la ricerca individuale di ricongiunzione con lo Spirito. In entrambi i casi, appare logicamente inutile, anzi fuorviante, l'intervento di una istituzione come intermediazione fra l'uomo e Dio. La vera eresia è proprio appropriarsi di questo potere indicandolo falsamente come concesso da Dio.

Ricordare e analizzare anche solo alcuni versetti del Vangelo di San Tommaso del quale abbiamo parlato, appare un buon aiuto per chiunque abbia desiderio di addentrarsi in una personale ricerca della verità sulla strada percorsa e indicata da Cristo. Parole semplici, come semplice era l'uomo Gesù, in quanto tali comprensibili perché svincolate dai concetti teologici che affollano i sinottici. Non esiste infatti alcun accenno a miracoli compiuti, alla crocefissione, alla resurrezione.

L'apertura dello scritto dichiarato apocrifo è di per sé illuminante: *"Chiunque trova la spiegazione di queste parole non gusterà la morte. Colui che cerca non cessi dal cercare finché non trova e quando troverà sarà commosso, e quando sarà commosso contemplerà e regnerà sul Tutto".*

Appare chiaro il riferimento relativo alla ricerca gnostica di se stessi come mezzo per il raggiungimento del divino, con la conseguente sconfitta della morte materiale attraverso la morte mistica. Anche il termine *"commosso"* usato nel versetto ha particolare importanza. La commozione è uno stato d'animo che si manifesta davanti ad un evento di grande e positivo impatto emotivo che spesso quasi non si pensava possibile. Quanto grande può essere questo stato d'animo, davanti alla consapevolezza di aver raggiunto la propria dimensione divina?

Proseguendo la lettura dei primi versetti troviamo:

"Se coloro che vi guidano vi dicono: - Ecco! Il Regno è nel cielo, allora gli uccelli del cielo vi saranno prima di voi. Se essi vi dicono il Regno è nel mare allora i pesci vi saranno prima di voi. Ma il Regno è dentro di voi ed è fuori di voi. Quando conoscerete voi stessi sarete conosciuti e saprete che siete figli del Padre Vivente. Ma se non conoscerete voi stessi, allora sarete nella privazione e sarete voi stessi privazione."

Qui troviamo l'essenza stessa della gnosi capace di unificare anima e spirito, *il Regno dentro e fuori di voi*, senza il quale compimento permane l'impossibilità di raggiungere Dio impedendone di conseguenza anche ad altri l'accesso. L'invito alla prudenza verso chi si arroga il diritto di indicare la strada verso la Salvezza è solo il primo di uno dei tanti richiami alla sorveglianza verso i falsi profeti. L'impressione è che il Vangelo di S. Tommaso si apra enunciando già dai primi versetti la necessità della ricerca gnostica e della necessaria rinuncia a tutto ciò che viene imposto come dogmatico *da coloro che guidano.*

In un altro versetto Gesù risponde agli apostoli:

"I suoi discepoli lo interrogarono e gli dissero: - Vuoi tu che noi digiuniamo? E come dobbiamo pregare e fare l'elemosina E quale dieta dobbiamo seguire? Gesù rispose: - Non dite menzogne; non fate ciò che voi stessi odiate. Perché tutte queste cose sono manifeste davanti al Cielo . Infatti non vi è nulla di nascosto che non venga un giorno rivelato e nulla di coperto che rimanga senza diventare scoperto."

Anche qui troviamo un chiaro appello alla rinuncia di tutto ciò che viene dogmaticamente indicato come necessario per il raggiungimento della salvezza. Il richiamo di Gesù a non presentare come doni verso Dio opere quasi sempre inutili e mal sopportate è dirompente. Attualissimo ai nostri tempi, dove per sentirsi buoni osservanti è sufficiente radunarsi in una chiesa in un giorno o festività fissate (peraltro indicate dagli uomini come vedremo in seguito) senza porre quasi mai nella propria vita alcun autentico precetto cristiano.

Troviamo nuove indicazioni sulla costruzione gnostica e nella necessaria attenzione allo Spirito nei versetti:

"Una città costruita su di un'alta montagna e fortificata non può cadere né essere nascosta".

"Ciò che tu udirai col tuo orecchio e con l'altro orecchio, proclamalo dai tetti! Infatti nessuno accende una lampada per metterla sotto un moggio o in un luogo nascosto, ma la mette in un candelabro in modo che tutti quelli che entrano ed escono possano vedere la luce ."

Ci sia in mezzo a voi un uomo avveduto: appena il frutto è maturato, egli è uscito in fretta, con la falce alla mano, per raccoglierlo. Chi ha orecchi per intendere intenda!"

Chiunque bestemmia contro il Padre, gli sarà perdonato, e chiunque bestemmia contro il Figlio, gli sarà perdonato; ma chi bestemmia contro lo Spirito non sarà mai perdonato, né sulla terra né in cielo."

La conoscenza deve quindi essere raggiunta con fatica, *costruita su di un'alta montagna*. Resa inattaccabile, *fortificata,* ma allo stesso tempo resa visibile perché altri ne seguano l'esempio. Chi raggiunge il compimento gnostico non deve farne un personale tesoro, ma trasmettere i dettami della conoscenza permettendo che *tutti quelli che entrano ed escono possano vedere la luce .*

Così l'iniziato gnostico, arrivato alla consapevolezza spirituale, immediatamente trasmigra nello Spirito *uscendo in fretta, falce alla mano, per raccoglierlo.*

Spirito che rappresentando la parte divina dell'uomo non può essere bestemmiato (ignorato) con possibilità di perdono, perché allontana per sempre la possibilità di ricongiungimento con l'anima resa così prigioniera per sempre del ciclo della reincarnazione.

Proseguiamo con il versetto:

"L'uomo vecchio, nei suoi giorni, non esiti a interrogare il fanciullo di sette giorni (anni) sul Luogo della Vita ed egli vivrà. Poiché molti che sono i primi saranno gli ultimi e diventeranno uno solo."

Un pensiero di Ippocrate riporta *"Il fanciullo di sette anni è la metà di suo padre"*, viene ripreso dalla teoria antropologica secondo la quale nel settimo anno di età il bambino raggiunge la pienezza della ragione, pari a quella di un adulto, mentre successivamente fino alla pubertà l'evoluzione è esclusivamente fisica. A sette anni si è quindi nella miglior condizione possibile per una vita spirituale priva di contaminazioni e condizionamenti. Il vecchio, cioè l'uomo davanti alla propria esistenza, deve trovare nel percorso gnostico quel momento temporale dove lui stesso possedeva quella spiritualità perduta nel corso del tempo.

Di grande interesse gnostico le parole rivolte ad una domanda degli apostoli:

"Mostraci il Luogo dove tu sei, poiché ci è necessario trovarlo. Egli rispose loro chi ha orecchi, intenda: se la luce esiste in un essere luminoso, allora esso illumina l'universo intero; ma esso non brilla, vi sono le tenebre."

Apparentemente di difficile interpretazione, da una visione gnostica la risposta appare invece perfettamente aderente alla domanda rivolta dagli apostoli *mostraci il luogo dove sei.*

Luogo deve essere identificato come Luce intesa a collocazione della divinità, lo Spirito presente in ogni essere che da raggiungere individualmente per il compimento. Gesù è l'entità luminosa perfetta, ma se la luce che emana non raggiunge gli apostoli, come la domanda rivolta rivela, restano essi stessi prigionieri delle tenebre e ancora lungo è per loro il cammino della salvezza.

Un versetto ci riporta prepotentemente ad una ipotesi espressa in precedenza:

"Gesù disse: se la carne è venuta nell'esistenza per opera dello Spirito è un miracolo. Ma se lo spirito nasce per opera della

carne, questo è un miracolo di un miracolo. E io mi meraviglio di come una così grande ricchezza abbia preso dimora in tale povertà."

L'ipotesi in questione è la nascita di Sara come possibile figlia di Gesù e Maria Maddalena. Il miracolo (l'avvento di Cristo) di un miracolo (una figlia spirituale nata dalla carne) è lo scardinamento della procreazione voluta dal Rex Mundi, resa possibile anche senza la contaminazione demoniaca della materia. Gesù stesso ne rimane stupito, forse per la prima volta pienamente cosciente della sua collocazione divina.

Un nuovo e deciso invito al percorso gnostico viene da:

"Gesù disse: siate viandanti!"

L'uomo appartiene al cielo. Il Perfetto è idealmente un predicatore solitario privo di qualsiasi vincolo terreno capace di abbandonare ogni legame familiare ed affettivo perseguendo unicamente il legame con il cielo. Il concetto viene espresso con radicalità, occorre ricordare che per raggiungere la gnosi non è fondamentale arrivare ad una vita da eremita totalmente ascetica, quanto dare il vero valore transitorio agli accadimenti terreni.

"Colui che ha conosciuto il mondo ha trovato un cadavere, e chi ha trovato un cadavere, il mondo non è degno di lui."

Rivela come l'anima incarnata, *che ha conosciuto il mondo*, rimane prigioniera del corpo materiale come un cadavere nella tomba. Possedendo l'essenza della spiritualità, *non è degna di lui*, deve quindi necessariamente liberarsi per tornare al divino.

"Volgete lo sguardo al Vivente, finché siete vivi, affinché non moriate e cerchiate di vederlo e non possiate vederlo!"

Esortazione a non dimenticare gli insegnamenti di Cristo, *Vivente* nello Spirito fra i cadaveri della materia terrena. Probabilmente indirizzato ai discepoli iniziati, non ancora liberi totalmente dal vincoli imposti dal demiurgo e ancora nel pericolo di un ritorno nella prigione del corpo.

"Io rivelo i miei misteri a coloro che sono degni dei miei misteri. Quello che fa la tua destra, lo ignori la tua sinistra."

"Non date ciò che è sacro ai cani, perché essi non lo trascinino sul letamaio, e non gettate le perle ai porci, perché essi non le facciano sterco."

Frasi presenti anche nei sinottici, la prima indirizzata come invito ad aiutare il prossimo senza farne vanto. In senso gnostico, entrambe rappresentano l'obbligo di mantenere l'assoluto segreto sui misteri rivelati da Cristo verso chi non è preparato ad accoglierglio o potrebbe farne uno strumento diretto verso la satanica Goetia.

"Quando voi dovrete mostrare quello che possedete dentro di voi, ciò che avete vi salverà. Ma se non lo possedete dentro di voi, ciò che non avete vi perderà.

Il raggiungimento della Salvezza non si lega ad una fede esteriore fatta di parole ed azioni fine a se stesse, ma necessita di una consapevolezza gnostica perfetta senza la quale anche un discepolo è costretto al ritorno verso il ciclo della reincarnazione.

"Io sono la Luce: quella che sta sopra ogni cosa. Io sono il Tutto, il Tutto è uscito da me e il Tutto è ritornato in me. Fendi il legno, e io sono là. Solleva la pietra e là mi troverai."

Il concetto gnostico per eccellenza contenuto nel vangelo. Oltre al pronunciamento implicito del rifiuto verso qualsiasi intermediazione diretta a Dio invita a mantenere il contatto, attraverso lo Spirito, con la Sorgente luminosa irradiata in ogni direzione. E' la decisa affermazione dell'onnipresenza di Dio e della sua Eterna Luce, il faro del porto celeste dove approdare al termine del percorso di purificazione.

"Una donna si rivolse a lui dalla folla: – Beato il ventre che ti ha portato e il seno che ti ha nutrito! – Egli rispose: – Beati coloro che hanno ascoltato la parola del Padre e l'hanno osservata. Verranno infatti giorni in cui direte: "Beato il ventre che non ha generato ed il seno che non ha allattato!"

Conferma della tesi eretica secondo la quale la procreazione è un perverso disegno del demiurgo per assicurarsi il continuum della sua opera malvagia. La perfezione e il ritorno al Padre cancellano il ciclo della reincarnazione e conseguentemente qualsiasi problematica relativa al congiungimento sessuale.

"Gesù disse: – Colui che è diventato ricco, regni, e colui che ha il potere, vi rinunci!"

La ricchezza è decisamente l'acquisizione della gnosi che porta al Regno Celeste, per il raggiungimento della quale è necessario il totale abbandono del potere temporale.

"Gesù disse: Adamo è stato generato da una grande Potenza e da una grande Ricchezza, ma non è divenuto degno di voi. Infatti, se egli fosse stato degno, non sarebbe morto."

Rappresenta forse il versetto con più difficoltà interpretativa. Adamo perde la sua qualità di pura emanazione del pensiero di Dio cadendo nella materia e quindi diventando soggetto alla morte fisica. La concezione gnostica è molto più complessa, pur con profonde analogie bibliche nel concetto di base. Pensa l'Adamo diretta ipostasi divina come entità celeste eletta a modello di ogni singolo essere (in ebraico Adam significa uomo). Esistono quindi due Adamo, destinati a riunirsi quando gli uomini pervasi dalla corruzione troveranno la purificazione. La tesi gnostica dell'Adamo terrestre viene accettata anche da Paolo che identifica in Cristo l'Adamo celeste.

Gesù disse: Io distruggerò questo Tempio e nessuno potrà ricostruirlo di nuovo!"

Nei sinottici di Marco e Matteo, oltre che negli atti degli Apostoli, esiste una sottile allusione al desiderio di Gesù di abolire il culto ebraico come emanazione del Tempio corrotto. In contrasto con le affermazioni di Giovanni, più gnostiche, secondo il quale il tempio rappresenta invece il corpo stesso di Gesù.

"Dicci chi sei tu, affinché noi possiamo credere in te. Egli rispose loro: voi scrutate il cielo e la terra, ma colui che vi sta davanti non lo conoscete e non siete capaci di scrutare questo segno".

Gli uomini hanno bisogno di una manifestazione soprannaturale per credere compiutamente al mistero della fede. La resurrezione di Cristo, la danza del sole nel caso dell'apparizione mariana di

Fatima, la sorgente di Lourdes e tanti altri fenomeni capaci di sfidare la logica sono stati il punto di partenza per immensi travasi di religiosità nell'essere umano. Ma se unicamente attraverso la gnosi, quindi la consapevolezza della divinità intrinseca, è possibile raggiungere la Salvezza, il pensiero conseguente è che qualsiasi emanazione miracolistica non appartenga al piano divino. Non appaia blasfemo questo concetto, sposato all'enorme sfruttamento economico e politico al quale vengono sottoposti tali eventi diventa logico opporre una necessaria dicotomia. Se certamente esiste una matrice soprannaturale in molti accadimenti, per misteriose decisioni celesti, la presa di possesso della spiritualità insita in loro li trasforma in occasioni al servizio della materia. Apparizioni mariane e altri eventi che certamente hanno fortissima incidenza spirituale possono sicuramente avvicinare alla fede centinaia di migliaia di persone, per molte delle quale potrebbe iniziare il percorso gnostico di salvezza. Ma la maggior parte di loro finisce per ingigantire la massa che accetta supinamente il controllo della chiesa. Questo aspetto merita un approfondimento oggetto di un prossimo capitolo.

"Chi riconosce il padre e la madre verrà chiamato figlio di meretrice."

Concetto espresso con aggressività per ricordare come chi si lega troppo ad affetti terreni non possa trovare la via dalle salvezza.

"Simone Pietro disse – Maria si allontani di mezzo a noi, perché le donne non sono degne della Vita! Gesù rispose: – Ecco, io la trarrò a me in modo da fare anche di lei un maschio, affinché anch'essa possa diventare uno spirito vivo simile a voi maschi. Perché ogni donna che diventerà maschio entrerà nel Regno dei Cieli."

Come già detto, Maria Maddalena non raccoglieva troppo consenso da parte degli apostoli. Sia per il suo essere donna, sia soprattutto per l'amore che Gesù dimostrava per lei. In particolare era invisa a Pietro che probabilmente la vedeva come pericolosa "concorrente" nel raccogliere l'eredità spirituale del Cristo. La risposta del nazareno ha ricevuto molte interpretazioni, sviluppate essenzialmente sulla concezione platonica dell'anima divenuta femminile per desiderio passionale e come tale schiava della materia. Essendo il modello dell'umanità maschile creato a somiglianza dell'Anthropos divino, diventa quindi necessario l'annullamento della femminilità per il ritorno al Padre.

Questa lettura non mi trova in alcun modo d'accordo. La risposta di Gesù all'attacco portato da Pietro appare molto meno filosofica, legata ad un umano istinto di protezione verso Maria Maddalena. Conscio che in tale situazione di ostracismo si sarebbero potute creare in futuro persecuzioni verso la sua discepola, cosa affettivamente accaduta, Gesù attraverso il suo carisma la trasforma idealmente in maschio davanti agli apostoli, *la trarrò a me in modo da fare anche di lei un maschio.* Donandole immaginario androgino la presenta degna di rispetto, *spirito vivo simile a voi maschi,* aprendole le porte della Salvezza *perché ogni donna che diventerà maschio entrerà nel Regno dei Cieli.* Quasi certamente Gesù aveva già individuato in Maria Maddalena la futura depositaria della conoscenza e delle Chiavi della sua Chiesa, intento confermato nel momento dell'apparizione dopo la sua morte fisica. Nulla lascia credere che Cristo considerasse il sesso femminile come indegno del Regno dei Cieli. Molto spesso aveva scandalizzato le genti toccando e facendosi toccare da donne ritenute indegne, perdonandole pubblicamente dei loro peccati. Emblematici in tal senso il caso dell'adultera sottratta alla lapidazione, s*cagli la prima pietra chi non possiede peccato.* Ancora ancora più dissacrante per i tempi l'episodio accaduto nella casa di Simone il fariseo, dove durante una cena Gesù permette ad una donna conosciuta come priva di morale di entrare nella stanza e ungergli i piedi d'olio ed essenze perdonandone poi i peccati, *va' donna, la tua fede ti ha salvata.* Alle rimostranze degli intervenuti oppone la famosa parabola dei due creditori, di fatto concedendo alla donna una purezza di intenti assente invece in Simone e nei suoi ricchi ospiti.

Anche il Sinedrio attacca più volte Gesù per la sua attenzione al mondo femminile, accusandolo di accompagnarsi con meretrici e di non rispettare in alcun modo le Leggi Sacre.

Evidente quindi come Gesù ritenesse paritari uomo e donna, concetto ripreso dalle sette eretiche Catari in testa. Evidente come fosse un autentico rivoluzionario spirituale totalmente estraneo a qualsiasi dogma religioso imposto dagli uomini.

L'ultimo richiamo al vangelo di S. Tommaso vuole dimostrare l'analogia con riporti sui vangeli sinottici di molti versetti, fra i quali:

"È impossibile per un uomo cavalcare due cavalli e tendere due archi, ed è impossibile per un servo servire due padroni: altrimenti egli rispetterà l'uno e sarà insolente con l'altro."

"Tu vedi la pagliuzza che è nell'occhio di tuo fratello, ma non vedi la trave che è nel tuo. Quando avrai levato la trave dal tuo occhio, allora potrai levare la pagliuzza dall'occhio di tuo fratello."

"Il Regno dei Cieli è simile a un granello di senapa. Questo è il più piccolo di tutti, ma quando cade sulla terra arata produce un alto tronco e diviene riparo per gli uccelli del cielo."

"Nessun profeta è ben accolto nel suo paese, e un medico non opera guarigioni tra coloro che lo conoscono."

"Beati i poveri loro è il Regno dei Cieli!"

"Colui che non odierà il padre la madre, i suoi fratelli e le sue sorelle non potrà divenire mio discepolo. Chi non prenderà la sua croce come me, non sarà degno di me."

"Beati voi quando siete odiati e perseguitati, perché non si troverà il Luogo dove perseguitarvi!"

Questi sopra indicati sono solo alcuni degli enunciati che presenti o riconducibili troviamo anche nei quattro vangeli approvati dalla chiesa cattolica. Dei centoquattordici versetti oltre la metà hanno precise similitudini mentre sono del tutto assenti i chiari richiami alla gnosi e all'attenzione da rivolgere verso dogmi precostituiti. Se questo sia voluto o casuale spetta al personale pensiero interpretarlo. Certo la discussione della comunità scientifica e teologica non risolve il problema della datazione del documento, per alcuni antecedente ai sinottici per molti altri successiva. Esistono poi i propugnatori della falsità del documento, con un servilismo clericale senza precedenti qualcuno ne ha addirittura attribuito la stesura attorno al 1960. Addirittura miracoloso, se si pensa che il ritrovamento risale alla metà degli anni quaranta. Di certo, nel Vangelo di S. Tommaso si ritrova una figura del Cristo molto più aderente a quella tramandata dalla storia.

Importante anche ricordare la presentazione del testo:

"Queste sono le parole segrete che Gesù il Vivente ha pronunciato e Didimo Giuda Tommaso ha trascritto."

Dalla lettura dei versetti si comprende immediatamente come non compaia alcunché di segreto, in nessuna frase o singola parola. L'interpretazione degli stessi deve quindi essere vista in chiave esoterica, seguendo le diverse tappe dell'itinerario gnostico: conoscenza del Bene, sua accettazione interiore, contemplazione verso il divino, elevazione spirituale mistica, immedesimazione con Dio, appartenenza al Regno Celeste e dominio dell'universo.

Le orme segrete di Cristo nulla hanno di segreto, tali sono state rese da un accanimento depistante la cui ragione è facilmente intuibile. Il percorso del nazareno fra gli uomini è invece di una semplicità quasi sconcertante, le sue parole quelle di un umile fra gli umili comprensibili a tutti. Dio ha inviato sulla terra un suo messaggero non per stupire con miracolistici eventi ma per per far comprendere quanto Lui ci sia vicino e quanto attenda il nostro ritorno, il rientro nel Suo Regno degli angeli ingannati da Satana. Un messaggero per tutti gli uomini, non limitato in direzione di una credenza religiosa o di una particolare razza di eletti. Davanti alle parole e alle azioni di Gesù viene a cadere qualsiasi simbolismo o rito propiziatorio, di fatto ideato dal demiurgo per allontanare la concezione gnostica della Salvezza avvolgendola nella materia, della quale è padrone assoluto. Gesù era un uomo, diventato Cristo attraverso il percorso iniziatico. La sua anima, imprigionata nel corpo al momento della nascita, possedeva indiscutibilmente una "memoria" del Regno capace di oltrepassare le trappole della materia offrendogli la possibilità di un immediato ricongiungimento con lo Spirito. *Unico Vivente fra i morti,* Gesù possedeva indiscutibilmente poteri non comuni di parola, comprensione, carisma, spiritualità. Inserito in un momento storico estremamente favorevole non poteva in alcun modo non lasciare profonde tracce del suo passaggio. La sua morte va meditata intensamente, sia nella visione tradizionale della crocefissione sia in quella mistica dello gnosticismo, dove la morte fisica di un Perfetto coincide non con la resurrezione della carne ma con la liberazione dello Spirito unito all'Anima. *Non mi toccare Maria Maddalena perché ancora non sono salito al Padre mio,* non sembrano parole pronunciate da un uomo reincarnato quanto il messaggio di un'entità soprannaturale. Va meditata profondamente la vita e la morte di Gesù Cristo in qualsiasi modo la si voglia considerare, sia da un punto di vista strettamente cattolico sia da quello gnostico. Questa possibile dicotomia del pensiero viene dal Libero Arbitrio, se la chiesa cattolica non concede spazio e reprime anche violentemente qualsiasi diverso orientamento da lei indicato diversa è la concezione gnostica, che se è vero rifiuta qualsiasi dogma non ne impone alcun. Essenziale è quindi l'avvicinamento a Cristo e alla sua parola attraverso una ricerca personale, che non esula dal proseguire nel proprio credo. *Le vie del Signore sono infinite e misteriose,* come infinite e misteriose tante conversioni che si sono verificate attraverso un solo momento di illuminazione. Aprire il pensiero a Cristo è la strada maestra per arrivare dinanzi al bivio fra la congiunzione allo Spirito e la permanenza nel mondo terreno, trovarsi davanti alle due strade distinte permette di intravedere Conoscenza del Bene e Sua Accettazione Interiore, primi scalini della coscienza gnostica.

I CAVALIERI TEMPLARI E IL TEMPIO DI SALOMONE

Il rischio concreto affrontando discorsi inerenti all'Ordine dei Cavalieri Templari è di sovrapporre storia e leggenda trasformandole in un miscuglio romanzesco, affascinante quanto fuorviante. Nascono ufficialmente attorno all'anno 1120, quindi contemporanei allo sviluppo dell'eresia Catara, quando viene costituita la confraternita dei Pauperes Commilitones Christi (poveri compagni di Cristo) passati alla storia appunto come Cavalieri Templari. Per comprendere i motivi storici della loro istituzione occorre fare un passo indietro, al 1095 quando papa Urbano II decide di promuovere una crociata contro i musulmani occupanti Gerusalemme e il Santo Sepolcro, vinta nel 1099 con l'ingresso nella città dei crociati guidati da Goffredo di Buglione. Il condottiero viene incoronato re di Gerusalemme, anche se per verità storica rifiuta il titolo preferendo quello di *Difensore del Santo Sepolcro*. A tutti gli effetti Goffredo è comunque un regnante, ma per poco tempo. Muore infatti dopo circa un anno passando lo scettro al fratello Baldovino. La situazione in Terra Santa diventa in breve tempo estremamente pericolosa, bande di feroci predoni saraceni assaltano e depredano le carovane di pellegrini, la popolazione vive nel terrore e non esistono truppe armate in grado di fronteggiare la situazione. Nel 1119 un intero convoglio di pellegrini viene trucidato dai predoni, massacro che porta in Occidente un'eco di grande preoccupazione e forte emotività. E' l'inizio della storia templare. L'anno successivo alla strage Hugues de Payns, signore feudale di Troyes, con altri otto adepti fonda la confraternita di soldati laici giurando davanti al Patriarca di Gerusalemme di assumere in armi la difesa dei pellegrini cristiani. Abbandona quindi una condizione sociale di primo piano sposando i voti monastici di assoluta povertà, obbedienza e castità. De Payns e i suoi otto cavalieri vivono attraverso l'elemosina della popolazione vestendo abiti dismessi.

Da rimarcare, nella scelta dei nove templari di abbandonare ogni bene terreno assumendo valori monastici, una profonda similitudine con il percorso gnostico, la morte mistica e l'illuminazione spirituale.

Prendono alloggio, su concessione di re Baldovino, presso la sede dell'Ordine dei Canonici del Santo Sepolcro, chierici organizzati da Goffredo di Buglione secondo le regole di S. Agostino dove la ribellione contro le ingiustizie dei malvagi è disegnata come legittima anche attraverso l'uso delle armi. Quindi la costituzione dei templari non rappresenta in assoluto una novità. Anche in Europa tra l'altro numerose associazioni di guerrieri laici si erano già presentate a difesa dei tentativi di riconquista saracena, specialmente nella Francia meridionale e nella penisola iberica.

Risulta misterioso come solo nove uomini, pur concedendo loro elevazione spirituale e grande capacità di combattimento, abbiano in breve tempo conquistato l'assoluta protezione di Baldovino e la stima della popolazione. Difficile pensare possano essere state ottenute attraverso eclatanti vittorie militari su bande di predoni numerose e combattive, eppure il carisma raggiunto permette ai templari un trasferimento di sede presso la mosche di Al-Aqsa, edificio di enorme importanza storica e religiosa in quanto sorto accanto alle rovine del Tempio di Salomone raso al suolo da Nabucodonosor nel 586 prima di Cristo.

Ancora più strano appare il consenso della popolazione verso chi, pur presentandosi con lo scopo di proteggere i pellegrini, non faceva segreto di un ideale che non tendeva a cacciare i musulmani da Gerusalemme e dai luoghi comuni alle due fedi, quanto propugnare una pacifica convivenza fra musulmani e cristiani, estesa generalmente a tutte le culture presenti nell'area mediterranea. Un terzo aspetto dei nove guerrieri avvolto nella storia mista a leggenda è il loro prodigarsi non tanto con la spada eretta a difesa dei pellegrini ma, quasi esclusivamente, in profondi scavi sotto le rovine del Tempio di Salomone i cui sotterranei ricoprono un'area molto vasta. Cosa cercavano e cosa avevano

trovato in nove anni trascorsi sotto le macerie è un'altra incognita, sicuramente strettamente legata alla decisione di Baldovino di proporre alla chiesa di Roma l'accettazione della confraternita templare come vero e proprio Ordine. Cosa che permetterebbe loro di agire in piena libertà per continuare ricerche archeologiche che avevano presumibilmente assunto carattere esoterico. L'importanza straordinaria assegnata al lavoro templare viene confermata dall'appoggio richiesto da Baldovino ad un personaggio considerato il mistico per eccellenza dell'epoca, Bernardo di Chiaravalle, dotato di enorme carisma e potere e convinto assertore del monachesimo come sola possibilità di salvezza. La storia racconta come Bernardo raccolse l'invito e intuendo attraverso il suo genio l'enorme potenziale di un nuovo Ordine di tipo militare, capace di trasformarsi in un vero e proprio esercito al servizio del papato, si adoperò in ogni modo per ottenerne il riconoscimento della chiesa cattolica e in primis del Papa. Presentò anche un trattato, il *De laude novae militia*, dove dipingeva il templare come un santo guerriero pronto al martirio in nome di Cristo. Ai templari veniva anche assegnata una sorta di fratellanza spirituale con l'Ordine dei Cistercensi, dei quali si assumevano la difesa. Strategia per la necessaria creazione di un profondo legame fra cavalleria e chiesa, diventato condivisione di luoghi e beni fra i due Ordini fino alla condanna per eresia dei Templari. Quando i monaci guerrieri verranno sterminati mentre i cistercensi manterranno integre proprietà e poteri. Il lavoro di Bernardo di Chiaravalle vede frutto nel 1129, durante il Concilio Ecumenico di Troyes, quando viene resa nota l'approvazione di papa Onorio II al nuovo Ordine della Milizia Templare. Lo stesso Bernardo consegna il riferimento divino ai quali i templari consacrano l'esistenza, Maria madre di Cristo.
Inizia l'arruolamento che in poco tempo consegna un vero esercito di monaci guerrieri alla casa pontificia, che concede loro fortissimi privilegi e assoluta immunità. Resi ancora più radicali dalla bolla Omne Datum Optimum di papa Innocenzo II che nel

1139 stabilisce la totale indipendenza dell'Ordine da qualsiasi autorità religiosa o laica, indicandone il Papa come unico superiore. Da rimarcare quanto sia facile, essendo Innocenzo II allievo di Bernardo di Chiaravalle, arrivare all'assunto di come proprio l'abate di Chateau de Fontaine si trovi così a capo assoluto delle milizie pontificie. Milizie che nel corso delle sue prediche riesce ad ingrossare con prediche incitanti alla Guerra Santa che raccolgono migliaia di volontari pronti ad entrare nell'Ordine armato. I templari ricevono anche l'incarico di edificare chiese e loro viene assegnato il compito di proteggere e difendere le reliquie cristiane provenienti dalla Terra Santa. Politicamente negli anni della sua vita Bernardo di Chiaravalle assume un potere politico-economico assolutamente incredibile, controllando i Cistercensi e il loro braccio armato templare domina incontrastato la sua epoca e i due Ordini accumulano ricchezze e possedimenti terrieri inimmaginabili. Tesori che finiranno per scatenare invidia e desiderio di rivalsa in molti regnanti con loro fortemente indebitati. Sotto la guida di Bernardo vengono eretti oltre trecento monasteri fondati in quello stile gotico che per alcuni è un autentico codice segreto. Di certo le conoscenze architettoniche templari provenivano da una sapienza ereditata dallo stretto contatto con l'Oriente a quei tempi culturalmente molto più avanzato dell'Occidente. Il potere e la ricchezza templare cresce senza sosta fino ai primi anni del 1300, quando Filippo il Bello di Francia, sommerso dai debiti, decide che è giunto il momento di porre rimedio ad una situazione diventata ormai insostenibile. L'Ordine possedeva in pratica interamente le redini della finanze francesi. Per arrivare all'eliminazione del potere templare, protetto dall'immunità papale, la sola strada percorribile diventava la richiesta a Clemente V del suo ritiro attraverso calunnie su presunti comportamenti eretici. Filippo il Bello inizia così una campagna diffamatoria accusando i templari di omosessualità, eresia e adorazione di una entità demoniaca chiamata Baphomet. Inoltre i templari vengono duramente attaccati con l'accusa di connivenza con il mondo musulmano, motivazione politica che giustifica le successive azioni. E' una rapida escalation che arriva a conclusione il 13 marzo 1307 quando tutti i templari di Francia vengono arrestati, anche la successiva protesta del Papa viene ignorata. La Santa Inquisizione pone sotto tortura i cavalieri, i verbali dicono che anche il Gran Maestro Jacques de Molay confessa eresia verso Cristo e di aver sputato sulla croce rigettando la sola accusa di sodomia. Cinque anni dopo, siamo nel 1312, la bolla papale *Vox in Excelso* sopprime l'Ordine dei Templari privandoli di ogni proprietà e riservando alla chiesa il giudizio sui cavalieri incarcerati. All'alba del 18 marzo 1314, con la prospettiva del carcere a vita, Jacques de Molay e alcuni cavalieri vengono interrogati da due cardinali inviati da Clemente V e rigettano ogni accusa, indicando le confessioni come false ed estorte sotto feroce tortura. Gli inviati papali si riservano quindi alcuni giorni per la decisione, ma Filippo il Bello nella serata convoca un Consiglio di Stato e dopo poche ore viene innalzato il rogo che pone fine alla storia templare. Una leggenda vuole che Jacques de Molay, fra le fiamme, abbia profetizzato la morte di Clemente V e Filippo il Bello nel corso dello stesso anno, effettivamente avvenute. Storicamente l'Ordine dei Templari non scompare completamente dalla storia, nonostante intenzione di Filippo il Bello fosse quella di sterminare i monaci guerrieri in tutta Europa Nel 1307 partono le inchieste e i processi in tutto il bacino del mar Mediterraneo, ma solamente in Italia l'Inquisizione opera con mezzi pari a quelli usati dai "colleghi" francesi. In Inghilterra i templari vengono arrestati su ordine di Edoardo II ma ottengono un processo equo senza alcun ricorso alla tortura. Ne escono assolti o condannati a pene non severe. In Germania i monaci guerrieri affrontano il processo da uomini liberi, armati e con le insegne dell'Ordine. Vengono tutti assolti ed entrano a far parte dei Cavalieri Teutonici. Anche in Spagna si ripete quanto accaduto in Germania, qui i templari entrano a far parte dell'Ordine di Bataclava istituito per la difesa contro l'attacco dei Mori. In Scozia gli inviti all'arresto dei templari vengono completamente ignorati, vengono lasciate ai monaci guerrieri le proprietà avute prima della soppressione dell'Ordine. In Portogallo, dove l'Ordine è molto radicato e apprezzato per l'impegno militare contro la minaccia saracena, confluiscono interamente in un nuovo Ordine, i Cavalieri di Cristo fondati da re Denis. Conservano tutte le loro proprietà, anche se perdono l'indipendenza in quanto il Gran Maestro viene nominato direttamente dal sovrano. I Cavalieri di Cristo vedranno lo statuto approvato da papa Giovanni XXII con la Regola religiosa affidata, come nel caso dell'Ordine Templare, ai Cistercensi e saranno determinati nella storia futura del Portogallo. Storicamente chiaro quindi come, in tutte le zone europee lontane dall'influenza francese, le accuse rivolte ai templari venissero considerate assolutamente false e prive di fondamento.

Il breve excursus storico rappresenta solo in minima parte la vicenda, per molti versi ancora misteriosa, dell'Ordine Templare. Esistono, per chi desideri approfondire il tema, testi che riportano con precisione tutti gli aspetti della sua ascesa e della distruzione della quale è stato fatto oggetto. Fra questi il volume *Il Santo Graal* di Baigent, Leigh e Lincoln e *I Templari* dell'autrice Barbara Frale, ricco di spunti interessanti. L'opera più completa rimane comunque quella dello storico Gaetan Delaforge, *I Templari e la Città Santa*.

Per il nostro intento torniamo invece al 1220, nei sotterranei sotto il Tempio di Salomone dove Hugues de Payns e i suoi otto compagni scavano senza sosta con il permesso accordato da Baldovino II. Lo faranno per nove lunghi anni, lontano dai campi di battaglia in difesa dei pellegrini. Cosa cercano, cosa hanno rivelato di cercare al re di Gerusalemme per ottenerne un appoggio incondizionato rimane un mistero. Difficilmente si tratta di un tesoro in senso stretto, il Tempio è stato infatti distrutto e completamente saccheggiato dalle schiere di

Nabucodonosor. La possibilità che la ricerca sia indirizzata verso un tesoro infinitamente più importante dell'oro e delle pietre preziose è quindi piuttosto concreta. Qui si apre la leggenda templare, che un filo sottile lega ad eventi concreti della storia umana. Forse i nove cavalieri inseguivano essi stessi una leggenda della quale avevano ricevuto notizia, come la presenza nei sotterranei dell'Arca dell'Alleanza, supremo simbolo della conoscenza iniziatica ebraica scomparsa attorno al 600 a.C. che antichi testi segnalavano nascosta sul colle del Moriah, dove sorgeva il Tempio di Salomone. Forse l'avevano davvero trovata o si erano imbattuti durante la ricerca in qualcosa che non si aspettavano di trovare. Il Sepolcro con il corpo mummificato di Gesù Cristo, prova inconfutabile di un cristianesimo completamente diverso da quello dogmaticamente assegnato. Oppure il Sacro Graal o antichi segreti alchemici riguardanti la mitica Pietra Filosofale. E perché non documenti che rivelavano la fondatezza di tesi eretiche come il demiurgo o fondamenti esoterici riguardanti la gnosi, la stessa Sacra Sindone. Potevano essersi imbattuti in tutto, ma certamente non in nulla. Non si spiega altrimenti l'immediato ricorso di Baldovino II ad un personaggio di levatura assoluta come Bernardo di Chiaravalle per porre i templari sotto la protezione della chiesa. Avevano certamente trovato qualcosa, che potesse essere un tesoro esoterico capace di portare potenza assoluta o la prova di un evento attraverso la quale porre sotto ricatto il potere clericale e la stessa chiesa di Roma è affidato alla vena romanzesca dei tanti scrittori che ne hanno fatto traccia. Una più autorevole tesi viene dallo studioso Delaforge, secondo il quale sin dalla loro costituzione, compito dei templari era unicamente quello di effettuare ricerche su reliquie o documenti contenenti l'essenza di segrete tradizioni ebraiche ed egizie, su incarico di misteriosi committenti o proprio intento. Lo storico afferma che la ricerca si era conclusa con successo e i segreti scoperti trasmessi esclusivamente a voce attraverso arcani circoli interni all'Ordine.

In questa visione si troverebbe spiegazione alla velocissima ascesa templare verso la grandezza raggiunta nella loro storia. Non credo sia comunque logicamente accettabile pensare che nove uomini, più archeologi persi per nove anni all'interno di grotte e segrete che eroici soldati, abbiano potuto conseguire un prestigio tale da portarli verso la costituzione di un Ordine religioso di tipo militare. Baldovino II e ancor più Bernardo di Chiaravalle dovevano certamente essere a conoscenza di qualcosa di assolutamente straordinario. Nove uomini, soli in terra straniera, sono facilmente eliminabili. Magari onorandoli come eroicamente trucidati da bande saracene. Questo esclude dalla logica qualsiasi tipo di ricatto esercitato come pressione verso Baldovino II, la cui benevolenza è comunque antecedente ai presunti ritrovamenti. Di conseguenza svanisce anche l'ipotesi di una forzatura diretta a Bernardo di Chiaravalle, mentre nasce l'idea non troppo campata in aria che fosse proprio l'ispiratore dei Cistercensi il committente delle ricerche. Aggiungendo ipotesi ad ipotesi, è possibile inserire Bernardo in un Ordine Segreto sul tipo del Priorato di Sion. In questa visione, dato per certo il ritrovamento di un segreto esoterico, la misteriosa ascesa templare trova perfetta spiegazione. Come nelle migliori trame romanzesche esiste l'eminenza grigia, Bernardo, che convinto assertore della purezza monastica punta a porre il mondo (la chiesa cattolica di fatto indebolita da contrasti interni) sotto il controllo del suo braccio spirituale (i Cistercensi). Per arrivare a questo, necessita di un appoggio militare (i Templari) la cui formazione venga accolta senza alcun sospetto. Esistono i "fondi" necessari all'attuazione del progetto, il tesoro ritrovato sia materiale o spirituale-esoterico.

Esiste il fedelissimo braccio destro (Baldovino II) in grado di proteggere e controllare gli esecutori delle ricerche. Ed esistono fra tutti i personaggi del racconto legami, nella quasi totalità storicamente accertati, di parentela o di stretta amicizia. Con ogni probabilità i nove cavalieri non conoscono il progetto nella sua vastità, vengono scelti esclusivamente per la loro spiritualità o livello iniziatico. Possono essere rappresentati come il Cavallo di Troia introdotto fra le mura della città (il Mistero Esoterico) strenuamente difese dai soldati nemici (il Segreto Iniziatico).

Di certo il genio di Bernardo possiede le necessarie conoscenze politiche e finanziarie per sfruttare al meglio i privilegi concessi alla sua perfetta macchina templare-cistercense, la traduce in breve tempo in un vero stato sovranazionale capace di imporre banche praticanti una sorta di usura legale, appropriarsi di un immenso patrimonio terriero ed immobiliare, realizzare una rete commerciale mai vista assicurandosi il consenso voluto od obbligato degli operatori, condizionare le scelte politiche dei reali che lega a sé attraverso pesantissime situazioni debitorie, addirittura battere moneta. Lo stretto rapporto con l'Oriente realizzato attraverso i templari fornisce tutte le conoscenze necessarie allo sviluppo di un nuovo e straordinario piano architettonico, nello stile definito gotico oltre ad una probabile e tipicamente orientale sapienza misterica . L'ascesa al trono papale di Innocenzo II, allievo e pupillo di Bernardo di Chiaravalle, di fatto consegna all'abate le chiavi di un potere immenso religioso, politico e militare. Un vero Nuovo Ordine Mondiale del tempo. Assegnare a Bernardo una volontà manipolatoria esclusivamente in ragione del raggiungimento del potere si scontra però con il suo percorso storico. Abbandonando una posizione sociale elevata, era entrato poco più che ventenne nell'Ordine dei Benedettini condividendone i notoriamente rigidissimi principi applicativi delle regole monastiche. Immersi in condizioni di assoluta ed estrema povertà i monaci benedettini affrontavano un'esperienza che li conduceva spesso a morte prematura, molto più che altre confessioni. La condizione perfetta per un percorso gnostico, compiuto il quale mettere in atto un progetto mirato a condizionare il potere di una chiesa che abiurava il concetto monastico come unica via di Salvezza, da lui sempre indicato. Percorso molto simile a quello intrapreso da un Cristo gnostico. Ammettendo quindi in Bernardo di Chiaravalle uno stato di profonda iniziazione mistica, peraltro spesso confermata dalla sua biografia, viene a cadere il dubbio che affidare la speranza di realizzare un progetto come il suo agli scavi di nove poveri monaci inviati in terre lontane fosse quasi segno di follia. Probabilmente Bernardo conosceva sia l'esistenza sia il potenziale esoterico di reliquie e documenti cristiani o precristiani. Il suo sogno spirituale assume piena deriva sul potere temporale dopo il 1153, anno della sua morte avvenuta per uno strano caso del destino esattamente trentatré anni dopo la costituzione dei Templari. Trentatré come l'età assegnata a Cristo al momento della sua morte. In questa ricostruzione ideale nulla vieta pensare che l'Ordine Segreto al quale apparteneva abbia raccolto la sua eredità trasformandola da spirituale in strettamente materialistica. La stessa deriva compiuta attraverso il Concilio di Nicea per il cristianesimo. Nulla vieta pensare che la parte templare legata a misticismo e visione gnostica abbia opposto resistenza alla trasformazione in potere temporale di ciò che alle origini era semplicemente un mezzo per raggiungere un epocale cambiamento filosofico-sociale. Opposizione capace di creare le premesse per l'annientamento dell'Ordine guerriero, mentre la parte economico-politica cistercense conserverà come visto ogni proprietà e privilegio. In pochi anni, con la definitiva distruzione dell'eresia catara avvenuta nel 1244, viene quindi a cadere qualsiasi possibilità di ritorno verso precisi valori spirituali. Tutto torna s*aldamente fra le mani del Rex Mundi.* In chiave esoterica possiamo dire che l'entità malvagia che governa il mondo, con la necessaria complicità delle sue schiere umane, riesce ancora una volta a manipolare e indirizzare la Conoscenza verso la non conoscenza propria del suo demoniaco disegno. Ancora una volta, la materia imprigiona l'anima nelle tenebre

IL NAZISMO ESOTERICO DI HITLER

Le spaventose pagine scritte dall'avvento del Nazismo e del suo carismatico leader Adolf Hitler vengono lette prevalentemente sotto una chiave storico-politica, dalla conquista del potere in Germania alla fine della seconda guerra mondiale costata milioni di morti alle orrende atrocità commesse nei lager nazisti. Di questo tutto è stato scritto e discusso anche se molto è stato manipolato, quando non opportunamente ignorato come lo strano disinteresse se non acquiescenza della chiesa cattolica verso le atrocità del regime hitleriano. Esiste però del nazismo una parte misteriosa, esoterica, ampiamente provata attraverso precisi e incontrovertibili documenti e riporti storici. L'esoterismo nella sua forma negativa, la Gnosi nel suo opposto demoniaco Goetia, rappresentano l'invisibile motore capace di alimentare la macchina ideologica di Hitler, consegnandoli il potere attraverso un populismo perfettamente confacente ai tempi. Esattamente come per il cristianesimo o l'eresia catara è necessario un humus particolarmente adatto per permettere l'esplosione di un fenomeno sociale, politico o religioso che sia. Con la Germania in piena crisi economica e sociale, schiacciata dai debiti ereditati dalla sconfitta subita nella prima guerra mondiale e privata di ogni capacità di reazione, era facile raccogliere la disperazione del popolo attraverso promesse di recupero di passata grandezza e sopra ogni cosa con l'individuazione di un nemico interno capace di dominarne l'economia. Gli ebrei vengono disegnati a nemici mortali non tanto per un odio razziale fine a se stesso del regime, quanto per instillare un profondo senso di odio generalizzato che per concezione esoterica è il nutrimento vitale delle forze del male. Il pensare ad Adolf Hitler come strumento di un essere occulto e malvagio non è una semplice teoria romanzesca. Se consideriamo il demiurgo o Rex Mundi come dio al negativo in possesso di potere assoluto sulla materia, non può apparire semplice casualità la duplice personalità del capo nazista, assolutamente provata nell'immenso materiale storico che lo riguarda. Goering, uno dei suoi "discepoli" più vicini, si diceva addirittura spaventato dalla differenza fra l'Hitler privato fragile e spesso confuso e quello pubblico, *trascinatore delle masse alle quali si presenta come guidato e posseduto da una misteriosa entità soprannaturale*. Inevitabile il ricordo speculare delle parole *Darò a voi che parlate in mio nome potere di linguaggio, sapienza e convincimento tale da allontanare ogni nemico e rendere inutile ogni tentativo di portarvi al silenzio* che nel libro dell'Apocalisse di San Giovanni vengono dirette ai giusti, oppressi dai falsi profeti dell'anticristo. Quindi logicamente possibile che un falso profeta riceva la stessa investitura carismatica e capacità oratoria *capace di incendiare il mondo*. Tanto convincente, audace e prepotente davanti al mondo quanto minimale dentro se stesso, prezzo inevitabilmente pagato ad un asservimento alle tenebre. Storicamente Hitler vede fallire miseramente, nel 1923, un primo tentativo di arrivare alla Cancelleria. Viene infatti subito sventato un colpo di stato organizzato con l'appoggio della Thule, una setta xenofoba, populista e antisemita zeppa di personalità preminenti nella Germania del tempo alla quale Hitler è stato iniziato nel 1919. Dalla setta stessa provengono i principi del manifesto del partito nazionalsocialista di cui è leader. Arrestato, il futuro capo nazista trascorre otto mesi in carcere dove inizia la stesura del Mein Kampf, la "bibbia del nazismo", che dedicherà in seguito a Dietrich Eckart Gran Maestro della Thule.

Su questa organizzazione è opportuno spendere qualche parola anche per i parallelismi, filosoficamente invertiti, facilmente riscontrabili con l'universo templare. Fondata essenzialmente sui principi enunciati dal geopolitico Karl Haunsofer riguardanti il ritorno dell'impero germanico, sposava anche le teorie di un *monaco cistercense,* Adolf von Liebenfeals, fondatore dell'*Ordine dei Nuovi Templari*. Una setta che predicava la superiorità della razza ariana indicandone a semidei gli

49

appartenenti e propugnava l'eliminazione della razza ebrea, in quanto malefica infestazione del mondo. La Thule richiamava i suoi principi anche al buddismo tibetano (pur deformandone totalmente i contenuti) e alla teorie della medium ed occultista Helena Blavastky, famosa fondatrice della Società Teosofica Internazionale e a suo dire in continuo contatto telepatico con alcuni sopravvissuti di un'antica razza eletta, i *Maestri Sconosciuti,* nascosti nelle profonde viscere della terra.

Ne esce il quadro di una setta massonica di profonda matrice esoterica, dove non sono forse estranee conoscenze segrete risalenti ai templari. Ricordiamo come in Germania i processi ai monaci guerrieri dei primi anni del 1300 si conclusero con una piena assoluzione con successivo trasferimento dei monaci soldati nei Cavalieri Teutonici. Portandovi tutto il loro sapere, per convinzione o semplice gratitudine. Dal 1924 al 1934 Hitler consolida il suo carisma sul popolo tedesco e alla morte del presidente Von Hindenburg si attribuisce senza colpo ferire il titolo di Furher e Cancelliere del Reich aprendo di fatto la tragica epoca del Nazismo dove la Thule si trasferisce con tutto il suo bagaglio ideologico ed esoterico. Importanti rilievi storici rivelano la croce uncinata eretta a simbolo nazista come risultato di profondi studi cabalistici della setta. Hitler inizierà a breve la sua campagna militare di espansione ad est, con l'invasione della Polonia. E' l'inizio della Seconda Guerra Mondiale.

Qui va gradualmente inserita la visione esoterica del nazismo, avviata dalle sicure conoscenze misteriche della Thule. Alchimia, spiritismo, astrologia, mistica esoterica si fondono in una filosofia costruita su simboli, poteri occulti e antichi rituali. Secondo Hitler capaci di portare il nazismo ad un eterno predominio sul mondo. Con i suoi gerarchi è uso riunirsi in diversi luoghi della Germania pronunciando riti propiziatori anche sacrificali diretti ad evocazioni di entità tenebrose. E' noto il diretto contatto intrattenuto da gerarchi nazisti come Himmler, Goebbels e Goering con esoteristi, maghi, sensitivi, sette e predicatori dell'occulto che consultavano prima di ogni loro decisione. Hitler era solito affermare *come la forza senza un fondamento spirituale è destinata al fallimento,* rivelando come un suo importante obiettivo fosse istituire una religione tedesca fondata sulla purezza della razza ariana che considerava semidivina. Cancellando il cristianesimo e ponendo *l'arianesimo* a dottrina protettrice del popolo eletto. Gli ariani, secondo la leggenda, erano un popolo di semidei abitante Atlantide prima che la corruzione causata da un incrocio con razze inferiori ne provocasse la scomparsa. Era quindi necessario trovare discendenti degli antichi atlantidi e stabilire un legame di diretta discendenza fra loro e i nazisti. Sarebbe così diventata ideologicamente accertata la purezza assoluta della razza tedesca. Himmler, uno dei più convinti seguaci dell'esoterismo nazista, ritenne di aver individuato nei tibetani la progenie del popolo perduto. Con numerose spedizioni in Asia portò avanti con le sue SS una serie di esami antropometrici cercando corrispondenze fra tedeschi e tibetani, secondo alcuni documenti anche con crudeli esperimenti. La missione fallisce ma la ricerca di una pura razza ariana libera da contaminazioni continua senza sosta, diventa in Himmer una vera ossessione. Avvia un piano di *concepimento controllato* delle sue SS che spinge sia al matrimonio con donne dalle precise caratteristiche ariane *bionde, alte, occhi azzurri, belle e in perfetta forma fisica* sia all'adulterio con altre in possesso degli stessi requisiti. Ogni membro delle SS diventa cultore della poligamia per dare al Reich e al mondo una futura razza perfetta ed esistono tracce del pensiero di Himmler che riconducono ad una sua presunta volontà di operare la sterilizzazione di chi non presenti doti fisiche e intellettuali riconducibili alla perfezione. Anche questo tentativo non produce risultato ma Himmler non si arrende, dopo l'invasione di Cecoslovacchia e Polonia ordina il rapimento di bambini portanti l'impronta etnica cercata. Sono più di centomila quelli che vengono portati in Germania e affidati in adozione a famiglie tedesche, i *più apparentemente puri*. Molti *non ritenuti idonei* verranno eliminati. Pesantissima la repressione verso tutte le minoranze etniche presenti nei territori dominati dai nazisti, indicate come pericoloso intralcio alla razza ariana. Per loro si aprono le leggi razziali, una persecuzione che sfocerà nei campi di concentramento e nello sterminio di massa.

Hitler nella sua ossessione esoterica pensava alle reliquie cristiane come capaci di consegnare potere assoluto sul mondo a chi le possedeva. In particolare la Lancia di Longino (con la quale era stato trafitto il costato di Gesù) e il Santo Graal erano visti dal Fuhrer come reliquie potentissime. Mentre la Lancia fu effettivamente trovata dai nazisti e trasferita a Norimberga nella chiesa di S. Caterina, inutile fu la caccia al simbolico sacro calice. La ricerca nazista non fu però indirizzata subito verso una coppa, ma sulle tracce di un segreto esoterico ancora più dirompente, la discendenza di Cristo. Se segreti templari e vangeli gnostici erano davvero giunti alla Thule, diventa plausibile la possibilità dell'esistenza di una stirpe divina, *Sacro Graal inteso come Sang Real*, possa essere stata considerata dal nazismo come reale. Le SS frugarono per anni i territori al sud della Francia, senza trovare alcun riscontro. Al contrario l'archeologo Otto Rahn e il filosofo Alfred Rosemberg, amico personale del Fuhrer e ideologo della gnosi nazista, erano convinti il sacro Graal fosse realmente un calice capace di dare onnipotenza e immortalità. Lo cercarono a lungo a Montsegur sui Pirenei, dove si era consumato l'ultimo atto della tragedia dei Catari. Ufficialmente non si conosce l'esito della missione, ma Otto Rahn viene successivamente ritrovato cadavere, non esistono spiegazioni ufficiali alla sua morte.

Il nazismo esoterico aveva portato la sua attenzione anche su molte altre antiche conoscenze come l'Ordine del Sole Nero e le ritualità sumere, egiziane, accadiche.

L'approfondimento sull'argomento può essere affidato al vero e proprio trattato *Hitler e il Nazismo magico,* autore Giorgio Galli.

Anche da un'analisi concisa si evince come in Hitler e nel Nazismo fosse ben radicata la ricerca di tipo esoterico da affiancare all'azione militare e politica. Esiste una particolare affinità con eventi del passato, da perseguire senza alcun affiancamento ideologico perché di semplici teorie si tratta pur basate su effettive contiguità. Pensando Hitler come espressione di una malvagia entità, non possiamo evitare di trovare precise similitudini con la strategia di un Cristo gnostico portatore della parola del Dio di Luce. Quasi identico il panorama sociale e politico durante il quale si presentano sulla scena, che permette loro un immediato radicamento nell'immaginario collettivo. Simile l'impatto carismatico sulle folle, stesso il desiderio di fondare una religione costruita sul loro pensiero. Cristo possedeva la Luce dello Spirito mentre Hitler affondava le sue radici nelle tenebre, il primo acquisiva consenso attraverso parole d'amore mentre il secondo riempiva d'odio il cuore degli uomini. Ma non è forse questa la differenza sostanziale fra l'entità perversa che per esistere deve necessariamente nutrirsi di negatività e il Dio Buono che dispensa amore e attraverso l'amore nutre l'anima degli imperfetti? Accettando la tesi catara del Rex Mundi padrone della materia e del Dio Padre dello Spirito in antitesi fra loro, il passo conseguente diventa conseguentemente considerare la presenza di un loro equivalente terreno. Cristo e Anticristo, entrambi in possesso dell'essenza cosmica di chi li ha generati e destinati ad un compito speculare. Semplicemente trasportano sulla terra il conflitto eterno fra il Bene e il Male. Cristo indicando la strada verso il sacrificio e la Salvezza, Hitler cercando di scardinare ogni reminiscenza del vero cristianesimo e conducendo gli uomini verso la morte eterna. Hitler e il gruppo goetico, la Thule, al quale faceva riferimento potrebbero essere quindi intesi come la risposta del demiurgo alla venuta di Cristo, con le stesso tipo di strategia divulgativa. Questo non significa affidare frettolosamente il titolo di anticristo al leader nazista, una semplice dicotomia fra Bene e Male, il discorso appare molto più complesso. Se Cristo rappresenta lo stesso tessuto divino incarnato in un corpo mortale, *Io sono la Verità e la Vita,* il suo opposto demiurgico subisce una possessione della carne che lo rende totalmente succube dell'entità malvagia. Cristo presenta durante la sua missione un *percorso gnostico individuale* verso la morte mistica e la conseguente *consacrazione dello Spirito,* non è quindi semplice strumento della volontà divina e possiede intatto il Libero Arbitrio. La sua eredità è prettamente spirituale e come tale si diffonde nei secoli, in attesa di essere raccolta compiutamente.

L'anticristo viene invece posseduto dal Rex Mundi attraverso un percorso di *conoscenza indotto dalle ricerche esoteriche esterne all'individuo e mirate al potere terreno,* inserite in un contesto di evocazioni e riti satanici propri di sette sataniche come appare essere la Thule. Lascia eredità puramente materiale attraverso la semina di ideologie di sopraffazione, odio, xenofobia e divisione fra gli uomini che permangono nel mondo in attesa del momento giusto per appropriarsene. Momento che nei nostri giorni appare quanto mai propizio. E' quindi il percorso esoterico che Hitler compie a tramutarlo nel braccio armato del demiurgo, il suo ricorso alle arti occulte perseguite attraverso le conoscenze antiche della Thule. Il più grande esorcista contemporaneo conosciuto, padre Gabriele Amorth, presenta tali attività come *spalancare le porte all'ingresso del demonio senza alcuna possibilità di fuga.* Da rilevare, ma questa è solo considerazione personale data da personali indagini sulla sua vita possibili di errore, come padre Amorth abbia sempre parlato di se stesso come *un semplice uomo al quale la Chiesa ha concesso potere esorcistico,* senza riferimenti all'appartenenza cattolica della stessa. Inconfutabili invece le dichiarazione del sacerdote scomparso relative alla chiesa romana accusata di poca attenzione al pericolo di satana, addirittura di privare i riti esorcistici della loro efficacia attraverso cambiamenti nel rituale e di subire essa stessa l'influenza del demonio. Si potrebbe obiettare che milioni di persone nel tempo hanno perseguito le arti magiche subendone gli effetti spirituali, quindi milioni di anticristi dovrebbero aver affollato la storia predicando odio. Questo non è vero principalmente per il momento storico nel quale si inseriscono, necessariamente bisognoso delle precise caratteristiche delle quali abbiamo già parlato. Esiste poi *l'intenzione con la quale ci si avvicina all'occulto* e soprattutto *l'interesse che il demonio dimostra per l'operatore esoterico*. Subito dopo la collocazione storica quest'ultima prerogativa è la più importante. Difficilmente chi attraversa l'occulto all'inseguimento di benefici personali, con la volontà di colpire un altro individuo con malefizi o dedicandosi allo spiritismo otterrà una potente investitura del demiurgo, ma la "semplice" attenzione di uno dei sui inviati malvagi. Il regno del male lo ingloberà, senza farne un messaggero di grande portata ma unicamente un semplice e comune soldato a nutrimento di entità minori. Il Rex Mundi concede intervento diretto nel caso l'operatore, oltre a possedere importanti caratteristiche peculiari e profonda conoscenza esoterica, lanci la sua richiesta di potere occulto per *la realizzazione di un disegno ideologico diretto al mondo che includa la distruzione del cristianesimo*. Certamente ciò che Hitler intendeva fare. La presenza nel mondo di un primo emissario di satana, teorizzata da alcuni studiosi cattolici, è relativa a Napoleone Bonaparte. Obiettivamente appare più una manipolazione, la rivalsa verso un personaggio storico capace nel corso delle sue campagne militari di espropriare molte delle infinite proprietà della chiesa cattolica. Hitler e l'arianesimo rappresentano la risposta portata dal Rex Mundi all'avvento di Gesù e al cristianesimo. Lo stesso sviluppo esponenziale del nazismo verso atrocità spaventose collettive e personali (Himmler nel suo terrificante sadismo lasciava perplesso lo stesso Hitler) altro non possono rappresentare se non la totale manifestazione incarnata non tanto in una singola persona, quanto in una visione del mondo *capace di produrre infinita energia negativa proveniente dalla sofferenza*. Il nazismo in sostanza viene visto dal demiurgo come il definitivo attacco delle sue legioni alla possibilità di Salvezza dell'essere umano, la cancellazione del messaggio portato da Cristo e di tutta la sua eredità spirituale. Anche le ragioni della sconfitta delle orde del male vanno presumibilmente ricercate oltre il sacrificio dei tanti martiri opposti al regime nazista. Oltre il coraggio di tutti quelli che hanno combattuto la battaglia militare in un mondo divenuto feroce campo di battaglia. Come ad Armaghedon, indicato nell'Apocalisse di S. Giovanni come luogo dello scontro finale fra gli eserciti opposti di Dio e del Rex Mundi. Unica differenza, anche se certamente di assoluta importanza, i connotati materiali della guerra condotta contro il nazismo capace di produrre comunque *ulteriore futura sofferenza senza mutare radicalmente l'equilibrio terreno fra bene e male*. Lo scontro finale dell'apocalisse è prettamente spirituale e conduce invece alla Salvezza. Si conclude con *la vittoria del Dio di Luce sul malvagio demiurgo sprofondato negli abissi infernali e il mondo definitivamente consacrato al Bene*. La sconfitta del nazismo è quindi *fenomeno transitorio* affidato per quanto riguarda i risultati futuri al Libero Arbitrio degli uomini, come *transitorio per lo stesso verso è l'avvento di Cristo*. Si tratta di due eventi ugualmente dirompenti nel destino umano lanciati dalle due entità contrapposte nelle loro essenze. Manipolatorie e portatrici d'odio in un caso, unicamente impregnate d'Amore e Salvezza nell'altro. La scelta spetta unicamente al genere umano. Tornando alle cause della sconfitta subita dalle legioni del Rex Mundi, appare evidente quanto sia Hitler stesso il principale responsabile. Minato dalla possessione diabolica di cui è oggetto, *non può esistere alcun corpo mortale capace di sopravvivere indipendentemente dall'anima*, perde progressivamente la sua capacità carismatica sprofondando in terribili depressioni, dipendenze farmacologiche, esaltazioni senza alcun fondamento nella ragione. Subisce un vero e proprio transfert psicologico *identificandosi anche a livello materiale con l'entità che lo possiede senza possederne la strategia occulta.* Paradossalmente con la confusione intellettuale ritorna in lui una capacità di Libero Arbitrio che lo trascina in decisioni chiaramente distruttive. Il tentativo di invadere la Russia, rappresenta la chiave di volta per l'annientamento del nazismo. Nonostante il fallito precedente storico di Napoleone Bonaparte e le infinite difficoltà territoriali e climatiche che dovrebbero sconsigliare l'impresa, Hitler la persegue con ostinazione anche contro il parere di molti gerarchi. Inizia una vera e propria escalation di scelte scellerate e della discesa dell'uomo verso la follia. Tutto si concluderà con l'ingresso delle truppe sovietiche ed alleate a Berlino e conseguente suicidio del Furher. Possiamo quindi affermare con ragionevole pensiero che, contrariamente all'attesa di un possibile anticristo prossimo alla venuta e alle inesauribili ricerche per individuare un possibile "candidato", questo a livello esclusivamente materiale è già accaduto. Indiscutibilmente il Dio della Luce e il Rex Mundi andranno allo scontro decisivo, ma si tratterà di un evento spirituale preceduto da catastrofi in quanto l'illusione materiale prodotta dal malvagio demiurgo perderà progressivamente energia rivelandone la vera natura infernale. Come previsto dall'Apocalisse di S. Giovanni e da molti anche più antichi testi. Cristianesimo inteso come via verso la Verità e la Salvezza e Arianesimo portatore della dottrina demoniaca saranno scelta improcrastinabile per il mondo terreno. La semina è già stata fatta, non necessita di altri eventi spirituali e materiali. Cristo ha lasciato l'eredità dell'insegnamento gnostico attraverso il quale raggiungere la consapevolezza del proprio Spirito e il ritorno a Dio, il braccio armato del male la possibile scelta alternativa di una consacrazione della materia eternamente separata dalla spiritualità. Il Libero Arbitrio, dono del Dio di Luce e concessione obbligata da parte del Rex Mundi, è la bilancia che traccerà il definitivo confine fra il divino Regno Celeste e la sua antitesi della Geenna, eterno luogo di perdizione e abominio.

LE RADICI CATTOLICHE DEL FALSO CRISTIANESIMO

Indipendentemente da una visione gnostica o tradizionale, Gesù Cristo consegna agli uomini un percorso sacrificale imperniato sulla fratellanza, l'amore, la consacrazione delle non differenze sociali, etniche o religiose. Nessuna sua parola riportata nei vangeli sinottici o scardinando antichi testi veri, misterici, falsi o apocrifi che siano consegna ad una confessione il diritto di dogmatica indicazione al divino. Se nella gnosi questa indebita appropriazione assume il ruolo di una perversa manipolazione della verità, mirata esclusivamente a porre sotto stretto controllo e sfruttare materialmente l'insegnamento di Cristo, certamente anche da un punto di vista cattolico appare una contraddizione in termini quando non una errata interpretazione. La chiesa già dal suo principio presenta distinzioni dogmatiche fra l'accettato, l'accettabile e l'opinione contraria bollata come eretica e anticristiana. Si proclama *Verità Rivelata* e come tale infallibile, assurdo autoincensamento che rivela esclusivamente il desiderio di assumere il totale controllo del sacro cancellando con feroce accanimento qualsiasi insegnamento non conforme alle sue esigenze di crescita. La chiesa di Roma, attraverso una rigidità dogmatica impensabile in chi dovrebbe dare spazio al libero pensiero interpretativo, si prodiga verso la demonizzazione di qualsiasi opinione contraria sia all'interno del mondo cristiano sia in quello pagano. Distrugge e cristianizza, meglio cattolicizza, templi di venerazione a fedi diverse cancellando dalla storia le vestigia dei grandi misteri della religione greca antica e della classicità. Dopo la caduta dell'impero romano diventa il solo organo legiferante dei popoli europei, gli stessi principi religiosi in precedenza trasmessi integri vengono riscritti da suoi esponenti il cui pensiero diventa dogma inappellabile. La sua storia assurge al rango di unica interprete del destino umano attraverso una vergognosa e radicale manipolazione di ogni leggenda, mito o antico insegnamento in contrasto con i propri interessi. La chiesa trasforma in chiave cristiana tutte le principali festività pagane, dalla Pasqua al Solstizio d'Estate ma soprattutto del venticinque dicembre. La data che oggi celebriamo come la Natività era infatti anticamente dedicata alla nascita del dio Mitra, adorato da Costantino il Grande. I fondamenti del culto di Mitra vengono chiaramente cristianizzati. Dalla nascita del dio pagano piena di misticismo all'adorazione dei pastori, dalla vita trascorsa in peregrinazioni e opere miracolose, dalla celebrata ultima cena con fedeli seguaci prima del martirio e dell'ascesa al cielo con la promessa di una venuta futura per giudicare l'umanità tutto presenta analogie, se non preciso copia-incolla, dalle vicende di Mitra alla storia di Cristo. Trasformando il dogma presentato dalla chiesa come l'inquietante fedele riporto di una leggenda pagana. Chiesa che persegue con perseverante strategia la distruzione di qualsiasi riferimento alla antiche tradizioni religiose non confacenti alla sua scalata verso il condizionamento della sacralità. Che impedisce libero accesso alla cultura, ai libri, alla conoscenza e comprensione in genere per ottenere controllo totale sull'autorità di re e potenti della terra. Carlo Magno, imperatore del Sacro Romano Impero dal 742, storicamente non sapeva apporre una semplice firma in calce ai documenti. Mantenere le masse nell'ignoranza è il più efficace dei sistemi di controllo, portato avanti nei nostro vicino contemporaneo anche durante il colonialismo e nel meridione italiano da organizzazioni mafiose e camorristiche. Per la chiesa rappresentava il mezzo per condizionare ogni scelta politica, obbedienza premiata con un agevole cammino verso la salvezza. La storia della chiesa cattolica romana successiva all'imposizione dei suoi dogmi mirati a farla accettare come *unica realtà terrena investita dal potere del Cielo,* si presenta come impregnata nel sangue. Terrificanti opere di repressione e persecuzione diventano il mezzo con il quale respingere ogni tentativo di ricerca della Verità Originale, la Santa Inquisizione rappresenta il più abbietto strumento della crudeltà pontificia e pone le basi ideologiche per il trasferimento del cristianesimo spirituale verso una deriva di corruzione generalizzata nella chiesa e nel mondo. Nonostante questo prodigarsi del potere ecclesiastico nel cancellare ogni riferimento antico, le fondamenta del cristianesimo vengono ugualmente trasmesse attraverso la parola, l'inserimento di simboli e codici segreti in opere d'arte ed edifici, documenti trasmessi da setta a setta. I *Conservatori del Segreto* non cessano di mantenere intatto l'insegnamento gnostico durante i secoli, nonostante le persecuzioni continuino sistematicamente ad aggredirne la verità. La stessa storia templare è piena di spunti confermanti l'ipotesi che il loro rapporto con l'oriente pagano e musulmano non era cristallizzato nelle battaglie crociate, ma viceversa vissuto in una collaborazione reciproca verso un comune senso del divino. Centinaia di anni di permanenza nel medio oriente non furono caratterizzati da odio e stermini, ma dalla ricerca della possibile metempsicosi di un sola divinità in tutto il genere umano. Filippo il Bello certamente attinge a questa collaborazione spirituale per dar forza alle sue accuse di eresia e collaborazionismo riversate sull'Ordine guerriero.

La chiesa cattolica è storicamente responsabile di tragici avvenimenti, un oceano di sangue che ha attraversato i secoli. Il testo *Il libro nero del cristianesimo* redatto da Jacopo Fo, Sergio Tomat e Laura Monicelli è un esauriente resoconto dell'accaduto, anche se per onor di cronaca ritengo inappropriato il titolo. Personalmente avrei ritenuto più opportuno *cattolicesimo* che *cristianesimo*, ma è unicamente un'opinione.

Anche se di questo orrore di mostruosa entità ha chiesto perdono al mondo lo scomparso papa Woytila non esiste giudizio divino, per quanto misericordioso, dal quale possa essere concesso. Non è spiritualmente pensabile accettare la remissione dei peccati in satana, perché il peccato rappresenta la sua stessa essenza. E certamente satana non abiura la sua missione attraverso la confessione, appare più un tentativo di renderla invisibile in un tempo dove l'informazione è globale. La frase di

Voltaire *il più grande inganno del demonio è far credere di non esistere* è emblematica in tal senso. Non è forse il nascondiglio più sicuro celare un oggetto fra tanti oggetti simili? Difficilmente dal mucchio se ne estrarrà uno in particolare per analizzarlo profondamente, preferendo lasciarlo confuso fra gli altri.

Le tracce dei massacri cattolici non hanno adeguato riscontro nei libri di storia, non hanno minimamente scalfito quando non aumentato il potere temporale della chiesa cattolica. Sono stati autentica strategia politica in tempi durante i quali questo tipo di azione era possibile. L'evoluzione culturale del genere umano, pur osteggiata drasticamente dalla chiesa è comunque avvenuta rendendo impossibile il continuum di una repressione violenta. Ma nulla è cambiato, le pietre angolari dei dogmi religiosi e dell'infallibilità papale sono rimasti integri. E' cambiato il sistema di controllo, diventato sottile attraverso l'obnubilamento del pensiero e la spersonalizzazione di massa. Invisibile e incruento strumento abilmente intessuto dai dominatori del mondo saldamente uniti fra loro. Solo apparente la dicotomia fra religione e politica, nella realtà unico filo conduttore di un disegno dominante. Rimane da chiedersi come sia possibile per la chiesa mantenere e aumentare il proprio potere e la ricchezza smisurata che possiede pur davanti a prove evidenti di comportamenti scellerati e anticristiani, non ultimo il fenomeno della pedofilia e innumerevoli altri scandali che avrebbero travolto come un fiume in piena qualsiasi altro organismo, ancor più se dichiarato portatore di sacri valori. Le risposte sono molte, ognuna con molteplici aspetti. Nella sostanza una sola: la perfetta conoscenza da parte della gerarchia ecclesiastica di ogni aspetto comportamentale e decisionale del genere umano inteso come massa. Una vera scienza, antichissima ed affinata nei secoli, grazie alla quale viene resa possibile ogni manipolazione e qualsiasi condizionamento dell'immaginario collettivo. Il grado di conoscenza della chiesa è assoluto, universale, assolutamente misterioso e certamente possiede potenti conoscenze esoteriche. I sistemi di controllo e indirizzo sono molteplici e diversamente applicati a specifici momenti e bisogni. Se prima era possibile la repressione con la violenza, la crescita culturale ha prodotto la necessità di altri mezzi ai quali la chiesa si è prontamente adattata. Prima opponendo la tattica del silenzio, occultando e ignorando in modo sistematico qualsiasi problema al suo interno, magari creando eventi esterni capaci di distrarre l'opinione pubblica. Tattica trasferita nel suo braccio politico, la vecchia DC che pur se al pari della chiesa era sconvolta da lotte e fazioni intestine si presentava ugualmente come un inaccessibile monolite.

Il vero problema per la chiesa si è presentato ai nostri giorni, con l'accessibilità globale all'informazione e la possibilità di trasmetterla in tempo reale attraverso la rete. Opporre a questa tipicità divulgativa il silenzio e l'occultamento del problema diventava ovviamente inutile e controproducente. Gli scandali non potevano essere semplicemente ignorati attendendo che venissero dimenticati. L'orrore della pedofilia è costato alla chiesa di Roma una enorme perdita economica quanto una ancor più grave apostasia. La frase di papa Raitzinger poco prima delle sue dimissioni *la chiesa sta crollando, occorre immediatamente un rinnovamento* lascia intendere, oltre alla presa di coscienza del momento storico, anche una diversa motivazione circa l'abbandono del trono pontificio. L'avvento di papa Bergoglio, gesuita appartenente in quanto tale alla cosiddetta *massoneria della chiesa*, rappresenta la chiamata della *persona giusta al momento giusto*. Per discesa dello Spirito Santo o semplice calcolo politico non è importante discuterlo. Certamente l'aspetto rassicurante e semplice del nuovo pontefice, il suo carisma elementare, la stessa scelta del nome Francesco e la rinuncia mediaticamente glorificata ad alcuni privilegi portano il Vaticano a recuperare rapidamente perdite economiche e prestigio spirituale. La sua elezione diventa elemento capace di allontanare l'attenzione generale dai diversi scandali, il *rinnovamento indicato da Raitzinger per evitare la caduta verticale della chiesa.* Anche se gli scandali di natura pedofila non cessano di esistere e i potenti cardinali continuano a godere di incredibili privilegi, si ritorna allo step precedente quando bastava opporre il silenzio per vederli sbiadire. L'abilità di papa Bergoglio è straordinaria, smonta alcuni insegnamenti cristiani con disarmante semplicità mentre non affronta nessuno dei dogmi della chiesa e la sua stessa presunta infallibilità. Si avvicina ad un trasversale senso di moralità con la massima attenzione a non ledere la parte cattolico-oltranzista della massa di fedeli e per questo riceve anche pesanti accuse interne, ma il popolo cattolico resta saldamente dalla sua parte. Attacca il potere politico mondiale più volte ma l'impressione è che usi più la carota che il bastone. Si presenta con un'impronta comunicativa per certi versi molto simile a quella di papa Albino Luciani, scomparso dopo soli 33 giorni di pontificato per motivi che molti considerano ancora oggi misteriosi. Se non sospetti e legati alla sua intenzione di portare totalmente la chiesa verso la povertà e al rinnovamento in tal senso della Banca Vaticana.

La chiesa possiede al suo interno anticorpi in grado di far fronte a qualsiasi attacco, è uno specie di buco nero cosmico capace di attrarre ed ingoiare qualsiasi corpo estraneo. Glorificando se stessa come unica portatrice di verità si permette allo stesso tempo accusa e giudizio, scelta del lecito e dell'illecito, condanna e assoluzione. Un suo sacerdote diventa una *pecorella smarrita da ricondurre all'ovile* mentre un dissidente è dichiarato *eretico bestemmiatore che satana attende all'inferno.*

Non esiste quindi alcun mistero esoterico su come tanti secoli di nefandezze accertate dalla storia non abbiano minato se non il potere almeno la credibilità dogmatica della chiesa, ma unicamente una sapiente manipolazione della coscienza collettiva. Una nuova goffa trasposizione: difficilmente un rapinatore di banca potrebbe presentarsi il giorno dopo, nello stesso istituto, con la richiesta di aprire un conto versando il denaro rubato. Magari estraendo il contante dallo stesso sacco usato durante la rapina effettuata a volto scoperto. Logica lo vuole subito fermato e consegnato alla polizia con la prospettiva di lunghi anni di galera. Tutto cambia se un ipotetico lavaggio del cervello cancella ogni ricordo della rapina e del rapinatore su chiunque sia stato presente all'accaduto. Il malvivente potrà tranquillamente versare il denaro in banca e godersene in futuro il frutto.

Ponendo la massa ad unico individuo, proprio attraverso i sistemi e le conoscenze indicate si arriva ad un totale lavaggio del cervello garantendo la continuazione di un sistema vessatorio e manipolatorio continuato nel secoli.

La chiesa istituzione con la sua gerarchia è indiscutibilmente un organismo lontano dai precetti cristiani, se non ad essi antitetico. Esiste però un altro lato della medaglia rappresentato dalle migliaia di esponenti cattolici che in condizioni di stretta sopravvivenza dedicano tutta la loro vita agli altri. La loro umiltà e dedizione sono le fondamenta sulle quali si regge l'intero apparato clericale di potere e su questo occorre comprendere un punto fondamentale difficile da metabolizzare: più i religiosi sono vicini all'autentico insegnamento cristiano più rispettano la gerarchia vaticana, che spesso non considerano un modello di virtù teologica. Sarebbe più naturale una ribellione dal basso o almeno una dura discussione interna per riportare il modello cattolico ad una spiritualità più intensa. Questo non accade, almeno in molti casi, non per il rischio di perdere il sostegno alla propria missione o per la paura di esserne allontanati. Per cercare di comprendere questo aspetto occorre un passo indietro di otto secoli. E' il 1210 e Francesco da Assisi viene finalmente ricevuto da Papa Innocenzo III, più feroce uomo di stato che di chiesa e come abbiamo visto protagonista di eventi come la strage degli Albigesi. Francesco chiede il permesso di costituire il suo Ordine, difende le sue ragioni davanti ad una folla di cardinali ed alti prelati che lo osteggiano e si fanno beffe dei suoi poverissimi abiti. Si umilia genuflesso ai piedi di Innocenzo III portando con forza le sue ragioni per portare il messaggio della cristianità come povero fra i poveri. Il papa feroce repressore, fra la sorpresa incredula di tutti, concede e benedice la nascita dei Francescani. La leggenda dice come il giorno prima di ricevere Francesco, papa Innocenzo III avesse sognato un umile frate intento e reggere sulle spalle tutto il peso della chiesa e che questo lo sconvolse a tal punto da decidere di ascoltare il futuro Santo di Assisi senza dar peso alle pressioni dei cardinali. Molto probabilmente la concessione di Innocenzo III era molto più concreta, l'intuizione che una tale interpretazione del cristianesimo era molto simile a quella catara e portandola all'interno della chiesa si sarebbe assicurato una predicazione in grado di contrastare le adesioni all'eresia che lo tormentavano. Prova storica di questo appare l'invio della chiesa proprio di un frate francescano come inquisitore dopo il rogo cataro del 1307.

Il Francesco gnostico semplicemente aveva messo in opera le parole pronunciate da Cristo davanti ai Farisei, *date a Cesare quel che è di Cesare a Dio quel che è di Dio*, riconoscendo l'autorità del papa come potere terreno e transitorio. Tutto qui, tutto molto semplice. Chi sinceramente regala la sua esistenza agli altri senza nulla chiedere è conscio di essere solo una piccola parte di un progetto divino come di avere dalla sua parte un potere molto più grande di quello temporale. Tutti coloro che hanno seguito questa semplice regola hanno lasciato un segno nel mondo.

I veri problemi di un Ordine interno alla chiesa capace di produrre grande presa spirituale sulle masse dei fedeli sono la manipolazione alla quale viene successivamente sottoposto e l'idolatria riservata al fondatore, che certo non l'aveva come obiettivo. Come nel caso delle miracolose apparizione mariane, tutto viene trasformato in un enorme carrozzone dove la spiritualità viene sfruttata economicamente. Il comandamento *Non ti farai e adorerai immagine alcuna* viene scavalcato senza alcun problema e gadget di ogni tipo raffiguranti santi e simboli sacri vengono immessi su un mercato monopolizzato.

Immemore della cacciata dei mercanti dal tempio da parte di un furioso Gesù Cristo, la chiesa romana conduce una profanazione del sacro priva di ritegno. Addirittura folle se non blasfema la riesumazione ed esposizione del cadavere di padre Pio da Pietralcina, con conseguente business plurimilionario. Ancora più agghiaccianti lo sfruttamento economico monopolistico delle apparizioni mariane di Fatima e Lourdes e la segretazione di presunti messaggi celesti diretti all'umanità. La chiesa si appropria di tutto, come sempre decide l'accettato e il non accettabile, si riserva qualsiasi decisione in campo spirituale. Condanna all'ergastolo la pastorella Lucia attraverso la clausura monacale per impedirne qualsiasi contatto o comunicazione sul famoso terzo segreto di Fatima, mai interamente rivelato e comunque chiaramente manipolato. Organizza pellegrinaggi attraverso proprie agenzie di viaggi con lauti guadagni privi di tassazione, quando addirittura non riceve royalty da organizzazioni esterne come concedesse l'utilizzo di un marchio di profumo. Non si esprime decisamente sulle apparizione di Medjugorie ma ne sfrutta comunque il rientro spirituale ed economico. Basterebbe questo a considerarla semplicemente una grande azienda creatrice di un marchio di successo, magari meritoria ma non certo depositaria del segreto della spiritualità cristiana. Tutt'altra strada indicava il figlio di un falegname dopo il suo primo vagito a Betlemme, totalmente diverso il percorso degli innumerevoli martiri cristiani che ne hanno difeso la Parola perdendo orribilmente la vita, assolutamente perverso il disegno di cancellare dalla storia ogni traccia dei segreti spirituali. Assegnare alla chiesa romana la personificazione della *Grande Meretrice nata dal fango e adorna di metalli preziosi e vesti purpuree* indicata dall'Apocalisse del Nuovo Testamento è semplicistico, troppo facile. Certamente al suo interno pulsa qualcosa di oscuro, contorto, inquietante, fuorviante per chiunque cerchi un Padre Celeste capace di dare un senso compiuto alla vita terrena. Ha commesso errori e atrocità tali da non poter essere considerata Maestra di Vita o depositaria del Dio della Luce. Non resta che considerarla un fenomeno transitorio nella storia del mondo.

STORIA PARTICOLARE DEI VANGELI SINOTTICI

I quattro Vangeli Sinottici, secondo la tradizione cristiana, rappresentano la cronaca fedele della vita terrena di Gesù. Come abbiamo visto sono stati dichiarati dal Concilio di Nicea del 325 unici testi accettati dalla chiesa romana, autentiche pietre miliari per la formazione cristiana. La stesura viene attribuita a Marco, Matteo, Luca e Giovanni nell'immaginario spesso erroneamente creduti come apostoli stessi di Gesù Cristo. Tutti e quattro contenevano certamente sia riporti di documenti antecedenti andati perduti sia il resoconto di racconti provenienti da una tradizione orale, come tale opinabile. La loro datazione è ancora oggi oggetto di discussione scientifica e teologica, certamente non sono stati scritti contemporaneamente alla vita del nazareno ma dopo parecchi anni. L'opinione più accredita è che tre vangeli risalgano attorno agli anni 130-135 d.C. quando in Giudea si combatteva una feroce insurrezione popolare contro il dominio romano. Si ritiene più antico il vangelo di Marco, scritto a Roma secondo Clemente d'Alessandria, collocato attorno al 66-74 d.C. e anch'esso coincidente con un'agitazione armata contro il potere di Roma. Particolare questo che ne influenza anche pesantemente la realizzazione come per gli altri. Si può infatti ragionevolmente pensare ad una stesura mirata all'accettazione della "critica" romana, specialmente in quello di Marco. Le ragioni di questo sono essenzialmente politiche, legate alla rivolta esplosa in Giudea. Il pensiero di Gesù doveva necessariamente essere presentato senza alcun riferimento contrario ai romani e la responsabilità della condanna a morte del Messia attribuita totalmente agli ebrei, scagionando totalmente Pilato che arriva ad essere descritto come personaggio retto ed onesto assolutamente contrario all'esecuzione di Gesù. Solo ingraziandosi i romani i documenti non avrebbero subito "censura" se non ostracismo e distruzione e questa sia pur necessaria manipolazione storica già di per se stessa presenta i vangeli come un racconto fondato su basi non realmente accadute. Oltre a dissolvere l' ipotesi eretico-apocrifa di un Cristo re-sacerdote impegnato a lottare per i suoi diritti ereditari, facilmente comprensibile nelle intenzioni, presentare i romani come semplici spettatori addolorati per il martirio di Cristo è un chiaro falso storico. Logica vuole che se una manipolazione è all'origine di un fatto, tutto il continuum del fatto stesso ne diventa frutto. Questo non significa considerare i sinottici ingannevoli e devianti, ma unicamente considerarli con quel senso critico senza il quale diventano essi stessi dogmi assoluti, monoliti inaccessibili. Il vero dubbio sulla loro precisa attendibilità riguarda comunque il racconto presentato nelle quattro stesure, molto spesso difforme quando non antitetico. Partendo da Marco, Matteo e Luca, i tre comunemente considerati sinottici cioè portatori della stessa visione dei fatti, appare chiaro come anche fra di loro esistano profonde differenze che li rendono difficilmente accomunabili se non attraverso una forzatura. Il Vangelo di Giovanni ha invece origini completamente diverse, rappresenta un testo molto dissimile dai precedenti e riporta eventi fondamentali nel cammino di Cristo non presenti negli altri tre, come la resurezione di Lazzaro, le nozze di Cana con il miracolo dei vino, i ruoli interpretati da Nicodemo e Giuseppe d'Arimatea. In special modo le nozze di Cana offrono spunti capaci di determinare l'ipotesi di una storia del Messia completamente diversa, come vedremo. E' il più aderente alla realtà storica del tempo pur essendone il più lontano come datazione, risalente ad un periodo successivo al primo secolo dopo Cristo. Scritto in Asia Minore, presumibilmente ad Efeso, non contiene alcun riferimento alla nascita di Cristo e inizialmente presenta precise caratteristiche gnostiche. Pone attenzione principalmente al percorso finale del Messia in Giudea e Gerusalemme, presenta la Crocefissione come un evento apparentemente basato su una testimonianza diretta presumibilmente estrapolata da un documento originale. Pur se inevitabilmente fatto oggetto di omissioni, correzioni , modifiche e concessioni epistemologiche appare come il più storicamente aderente alla tradizione di Gesù fra i libri del Nuovo Testamento.

I principali mancati riscontri storici dei vangeli sono quelli relativi alla condanna di Gesù da parte del Sinedrio. Non ha alcun senso il suo immediato trasferimento davanti a Pilato con la richiesta di un suo pronunciamento, non è infatti vero che i sacerdoti non potessero emettere condanne a morte. L'unica limitazione era fosse eseguita esclusivamente attraverso la lapidazione. Ancora più fuori logica accettare che l'arresto del Messia e la traduzione davanti al Sinedrio venga compiuto di notte e durante la Pasqua, in quanto la legge giudaica impediva ai sacerdoti di riunirsi sia durante la festività sia di notte in luoghi estranei al Tempio. Questa evidente e inoppugnabile incongruenza appare molto strana, non ha alcun significato logico. Appare più come un segnale codificato, tendente a spingere l'attenzione verso una lettura dell'intero testo in chiave diversa o dipingere i sacerdoti come non osservanti della Legge. Certamente i conoscitori della legge ebraica non potevano non individuare come sospetto un tale macroscopico errore. Anche la condanna alla crocefissione rappresenta un'anomalia, era infatti riservata ai nemici di Roma. Non è possibile pensare un Pilato condizionato a tal punto dal Sinedrio da emettere una condanna non vera. Quindi Cristo era visto come minaccia per il potere romano per motivi che i vangeli non riportano, tesi a liberare i romani dalla responsabilità storica della sua morte quando a non rivelare un diverso ruolo del Messia, da molti pensatori eretici indicato come un carismatico erede al trono di Giudea e in quanto tale pericoloso per Roma.

Anche la deposizione dalla croce e la successiva sepoltura del corpo, così come raccontate dai vangeli, presentano particolari difficilmente credibili. Un crocefisso infatti secondo la legge romana non poteva essere deposto dalla croce dopo la morte, ma veniva lasciato agli avvoltoi come monito. Ogni successivo intervento di familiari ed amici doveva essere autorizzato dall'autorità, in questo caso Pilato. Esisteva anche un preciso iter

69

burocratico per la conferma della morte del condannato che certo non era immediato ma necessitava di vari passaggi. Non era possibile quindi una rapida sepoltura, mentre i racconti sinottici dicono che Giuseppe di Arimatea fa prelevare il corpo di Cristo per comporlo nel sepolcro subito dopo la morte. Esiste poi nei vangeli un quadro del martirio sulla croce totalmente estraneo al comunemente pensato. La tradizione vede Cristo morire sul Golgota davanti a centinaia di persone, tra insulti e lacrime di una folla che assiste da vicino alla sua agonia. Eppure il luogo e la situazione appare descritta come molto diversa, in special modo in Giovanni che scrive *nel luogo dove era stato crocefisso vi era un giardino ed un sepolcro dove alcuno era stato ancora deposto.*

In Matteo, Marco e Luca viene indicato come fosse possibile *assistere alla crocefissione solo da lontano,* creando le premesse per intendere l'evento accaduto in un luogo privato con l'accesso consentito a poche persone. Forse di proprietà di Giuseppe di Arimatea, discepolo segreto del Messia. Proprio l'indicazione del martirio avvenuta in privato ha acceso la fantasia di molti scrittori, ma anche le ricerche di studiosi. Molte le considerazioni su una crocefissione *mai avvenuta realmente* quando addirittura *come una messinscena interpretata ad arte.* Alcune congetture vedono il crocefisso *non nella figura di Cristo ma in quella di Simone di Cirene che ne prende il posto.*

Tutto resterà probabilmente un mistero, come tutti i misteri aperto a infinite possibile risposte.

In ragione di queste e molte altre incongruenze e senza voler togliere ai vangeli sinottici alcun valore dottrinale, non è certamente possibile considerarli portori della Verità Assoluta da ricercare con pazienza attraverso la critica e comparazione con altri documenti e tradizioni ignorate. Se è vero che *la verità risiede nel mezzo* esiste qualcosa che è stato opportunamente deviato attraverso l'imposizione di dogmi assoluti. Quel qualcosa che è fondamento della ricerca gnostica o anche solamente della volontà umana di comprendere pienamente il mistero di Cristo.

LE NOZZE DI CANA E LA STIRPE SEGRETA DI GESU'

Le nozze di Cana assumono nella vita di Gesù un rilievo assoluto, pur se come abbiamo visto le sue tracce vengono riportate unicamente nel Vangelo di Giovanni. A Cana si compie il primo miracolo del Messia, la trasmutazione dell'acqua in vino che in una visione gnostica può essere intesa come la consapevolezza della divinità raggiunta e punto di partenza verso l'iniziazione mistica dei discepoli. Nelle nozze di Cana sono chiaramente individuabili particolari che tradotti danno all'accaduto un significato assolutamente straordinario. Il primo punto da analizzare è la consistenza della cerimonia, apparentemente il banchetto successivo alla celebrazione del matrimonio fra sposi di semplice estrazione sociale *che non vengono mai nominati se non come sposo e sposa.* Appare in questo contesto dubbio l'invito a partecipare rivolto ad un Gesù ancora praticamente sconosciuto nella sua predicazione. Questo solitamente accade se sono presenti vincoli di parentela con gli sposi o la loro famiglia, questo renderebbe logico anche l'estensione dell'invito a Maria madre di Gesù. O se si desidera la presenza di una personalità importante per dar lustro alla cerimonia. Ma nessuna situazione o rapporto del genere, neppure una semplice amicizia viene descritto in quanto tale. Anche la frugalità del banchetto sembra non rispondere alla realtà, vista la presenza di un Maestro di Cerimonia e di un Maestro di Tavola chiamati a dirigere l'evento. Solo la loro presenza, quanto l'abbondanza delle libagioni, trasforma un piccolo banchetto di campagna in una grande festa aperta a centinaia di intervenuti. Si tratta quindi del matrimonio fra persone appartenenti ad alto livello sociale se non addirittura aristocratici, in questo caso ancora più difficile l'ipotesi di un invito rivolto ad un uomo povero ed apparente dimesso, addirittura con la madre al seguito.

Un altro particolare di grande importanza è il rilievo ricevuto da Gesù nel corso del banchetto e ancor più l'intervento della madre.

E infatti Maria che crea le premesse per il miracolo del vino, dicendo al figlio *il vino è finito, devi provvedere*. La risposta di Gesù è straordinariamente indicativa *che vuoi che faccia donna, ancora non è giunta la mia ora*. Non ancora cosciente del suo compiuto percorso gnostico non comprende l'invito di Maria ed anzi lo respinge. *Colui che che cerca quando ha trovato resterà commosso e dovrà attraverso la contemplazione raggiungere il dominio dei Cieli*. Gesù in sostanza non si sente pronto e chiede ancora tempo prima di accettare compiutamente la raggiunta sacra spiritualità. Maria ignora le sue perplessità e si rivolge ai domestici dicendo loro *fate quello che mio figlio vi ordinerà*. Appare chiaro come una semplice donna, in una casa non sua dove è presente unicamente come invitata al seguito del figlio *non possa in alcun modo permettersi di dare ordini*. I domestici eseguono prontamente il comando e Gesù pur riluttante obbedisce a Maria. Perché questo accada non è spiegabile sia da un semplice punto di vista di opportunità, il comandare in casa altrui, sia da quello gnostico. Perché Cristo avrebbe dovuto rivelare se stesso e i suoi mistici poteri in occasione di un evento a tutti gli effetti banale, alla presenza di persone più interessate a banchettare che ad affrontare una rivelazione spirituale di tale portata? Esiste una sola possibile spiegazione, le nozze di Cana *rappresentano il matrimonio di Gesù*. E' quindi lo sposo a dover fornire il vino agli invitati e la madre ha tutto il diritto di comandare i domestici. Appare anche naturale che sia proprio quest'occasione capace di *mutare radicalmente ogni visione del cristianesimo* il momento migliore perché Cristo si riveli nella pienezza della sua divinità. Se Cristo era lo sposo, su chi fosse la sposa non esistono troppi dubbi. Le candidate possano essere individuate in due personaggi che la storia cristiana ci ha tramandato, Maria di Magdala e Maria di Betania sorella di Lazzaro. Con quasi assoluta certezza le donne sono in effetti una sola, diversificate da una voluta o errata interpretazione. E' Maria Maddalena che siede al fianco di Gesù, dopo il matrimonio. E' lei anche la donna mai chiamata per nome che unge i piedi di Gesù con costose essenze in un altro racconto evangelico. Indicata dalla chiesa come una prostituta redenta, cosa mai riportata sui vangeli, non proveniva da una bassa estrazione sociale ma in realtà la sua famiglia era benestante e lei poteva disporre di ricchezze attraverso le quali praticamente sosterrà tutto il cammino di Gesù e degli apostoli. Impossibile sarebbe poi stato l'ingresso di una donna non sposata in un gruppo peregrinante di uomini, lo scandalo ne avrebbe compromesso qualsiasi credibilità. Alcuni risolvono il problema considerandola moglie di Simone Pietro quando non di altri apostoli, ma il rapporto di stretta comunione con Gesù sarebbe costato ad entrambi una sicura accusa di adulterio. Maria Maddalena che riceverà l'iniziazione al percorso gnostico e nel pensiero del Cristo degna di raccoglierne la futura eredità spirituale, è la donna con la quale *si realizza anche la generazione di una stirpe segreta del Messia.*

Gesù viene tradizionalmente considerato come un uomo povero e di umili origini, dimesso nella materia quanto immenso nello spirito. Ma il vangelo di Matteo lo dichiara *re autentico, di sangue reale, diretto discendente di Davide e Salomone* e non sembra trattarsi di mero simbolismo spirituale. In questo caso Gesù avrebbe posseduto ogni diritto per richiedere il trono di una Palestina unificata in suo nome. In questo contesto la scritta INRI posta sulla croce assume non il significato non di una beffa crudele quanto di un'affermazione posta a monito per chi ne volesse raccogliere l'eredità, confermando la precedente ipotesi di una condanna di tipo politico attraverso la crocefissione. E sotto nuova luce appare la Strage degli Innocenti voluta da Erode. Pur se storicamente mai confermata, troverebbe riscontro non come follia orchestrata dal demonio ma molto più umanamente nella logica perversa di un regnante ossessionato dalla paura di perdere il trono. Smembrata dalla leggenda, solo la notizia della nascita di un possibile erede al trono sorretto dal popolo può scatenare un intento criminale dalla paranoia di un re. Nascita necessariamente non avvenuta da umili origine ma viceversa da una stirpe consolidata e conosciuta. La differenza fra concetto cattolico di Cristo giunto sulla terra come Figlio di Dio e quello eretico di uomo capace di raggiungere la divinità attraverso la Gnosi è lo spartiacque che separa i due concetti. Muta totalmente la dottrina del cristianesimo. Se il primo necessita di una istituzione a sostegno, il secondo consegna interamente all'uomo la chiave del suo rapporto con Dio. Le presunte umilissime origini di Gesù contrastano decisamente con la sua presentazione evangelica, dove appare istruito come ogni Maestro ebraico, *Rabbi*. Frequenta abitualmente personaggi di levatura superiore come Nicodemo e Giuseppe d'Arimatea. Le nozze di Cana, come abbiamo visto piuttosto sfarzose, ne configurano una vicinanza all'aristocrazia quando non una diretta appartenenza. L'albero genealogico del Nuovo Testamento fa discendere Gesù dalla stirpe dei Giudei, quindi erede al trono di Davide. Se accettiamo l'ipotesi di molti studiosi secondo i quali Maria Maddalena era di stirpe reale appartenente alla tribù dei Beniamiti potenti oppositori dei giudaici, tutti i vari tasselli si saldano formando un quadro ben preciso. Gesù era nato da una stirpe reale e come tale possibile pretendente al trono di Palestina. Il suo matrimonio con Maria Maddalena crea i presupposti per un'alleanza dinastica che consegna a Gesù una valenza politica capace di riunire tutte le tribù. Cosa questa che non poteva essere presa con leggerezza da Roma e dal suo concetto *Dividi et Impera*. Attraverso le dottrine essene compie un percorso gnostico che lo conduce alla consapevolezza spirituale assoluta, diventa un autentico re-sacerdote che mina anche il costituito potere religioso. Come tale, oltre ai romani diventa ferocemente inviso anche ai custodi del Tempio. Inizia quindi la sua rivendicazione al trono unificando la Palestina, mobilitando il popolo e liberandolo dall'oppressione romana. Il passo successivo è detronizzare il regime collaborazionista e assumere la guida di un Paese riportato alla monarchia, diventando il nuovo Salomone. Il Re dei Giudei.

Tutto questo, almeno ipoteticamente, sistema al posto giusto ogni tassello della storia umana di Gesù Cristo con un perfetto connubio fra spiritualità e politica. Spiega ogni cosa da un punto di vista storico, annulla le incongruità contenute nei vangeli e consegna alla compiuta gnosi di Cristo il percorso miracolistico. Certamente ampliato dal racconto di coloro che hanno assistito al compimento di prodigi in un tempo affamato di sovrannaturale quando non infarcito di superstizione, disperatamente aggrappato alla venuta del Messia di libertà promesso dalle Scritture. Uno sconfitto combattente per la libertà viene ricordato con un monumento, riportando sui libri di storia il suo insegnamento di valore ideologico. Un Messia colpito dagli uomini, ma capace di sconfiggere la morte stessa, attraverso i prodigi compiuti pone le basi per un ricordo spirituale di valenza assoluta. In suo nome l'uomo, da sempre alla ricerca di una spiritualità capace di dare risposte al suo dilemma esistenziale proporzionalmente legato a sofferenza e stato sociale, costruisce una fede alla quale consegnare ogni sua speranza. Questo è il cristianesimo, capace di annientare nel mondo ogni differenza sociale, etnica, religiosa. Pericolosissimo per qualsiasi potere temporale, un virus mortale capace di diffondersi rapidamente e per il quale occorre trovare immediate risposte in grado di debellarlo.

Non si veda l'ipotesi di un Gesù uomo come minante per la sua origine sacra. E' esattamente l'opposto. Percorrendo le tappe dell'iniziazione gnostica raggiunge la consapevolezza del divino, accetta la missione del Padre donando al mondo sofferenze delle quali conosce ogni momento futuro. Sacrifica una vita piena di amore terreno e Coscienza Divina per indicare la via della Salvezza. Prendere un dio a modello e farne percorso di vita *rende ampiamente giustificabili i propri fallimenti*. Trovare in un uomo la strada per raggiungere Dio *permette di progredire verso l'illuminazione e la coscienza di se stessi*. Questo fa di Cristo la personificazione di Dio nel corpo di uomo, la divinità assoluta. *Vi ho fatti a mia immagine e somiglianza, cercate e troverete.*

75

IL CONCILIO DI NICEA E L'INGANNO DOGMATICO

Trecento anni dopo la crocefissione nessun tentativo di estirpare il cristianesimo ha avuto successo. Persecuzioni, stermini, centinaia di migliaia di cristiani orrendamente straziati altro non hanno fatto se non radicalizzare l'idea del martirio come supremo atto di ricongiungimento a Dio. La speranza di un mondo terreno dove afflitti ed oppressi possano vedere sollevate le proprie sofferenze ha creato un fiume in piena impossibile da arginare.

E la speranza è uno stato d'animo pericoloso, mantiene vivo il sentimento di riscatto. La possibilità che un evento inaspettato possa catalizzarla in una ribellione esiste concretamente. Il potere, qualsiasi tipo di potere, nutre verso la speranza un odio feroce. Per mantenersi dominante deve permettere la sopravvivenza del popolo sfruttato, in quanto la fame è altro pericoloso sentire, ma soprattutto estirpare la speranza. La repressione violenta può eliminare un'ideologia politica scomoda e i suoi propugnatori, non può cancellare un ideale spirituale. Occorre pensare a qualcosa di diverso, occorre controllare la speranza e canalizzarla verso i propri scopi. Concedere al cristianesimo la possibilità di un'espansione lontana dall'ortodossia cattolica significa perdere il controllo sul sacro, correre il serio rischio di vedere il proprio potere di influenza politica sui regnanti in maniera preoccupante. La stesura dei vangeli, come abbiamo visto rivolta a garantirsi la simpatia di Roma, oltre a rappresentare il primo esempio di antisemitismo è anche il primo passo per imporre l'ortodossia della chiesa. Il consolidamento di questa volontà passa principalmente da Ireneo, vescovo di Lione nel 180 d.C. circa, autore di cinque libri contro le eresie. L'alto prelato attacca duramente ogni devianza dall'ortodossia, indica la chiesa romana come sola possibilità di salvezza e definisce ogni pensiero diverso un'eresia da eliminare in qualsiasi modo. Nasce il dogma dell'investimento divino, dell'infallibilità della chiesa. Ireneo in particolar modo riversa le sue ire sullo gnosticismo, la dottrina che permettendo un approccio individuale a Dio cancella ogni necessaria intermediazione clericale. L'impegno feroce del vescovo di Lione non sradica le eresie che continuano a fiorire, ma certamente riesce a consegnare al cristianesimo cattolico una organizzazione ideologica che ne garantisce la sopravvivenza. Di fatto apre la strada alla sua trasformazione in *religione ufficiale dell'impero* avvenuta durante il regno di Costantino quasi centocinquanta anni dopo.

Costantino secondo la tradizione viene convertito al cristianesimo da una visione prima della battaglia del Ponte Milvio contro Massenzio. Compaiono nel cielo una croce e una scritta fiammeggiante, *in hoc signo vinces,* in questo segno vincerai. L'imperatore raccoglie l'invito celeste e porta in battaglia vessilli con la croce, Massenzio viene duramente sconfitto e da quel giorno Cristo diventa per Costantino fede dogmatica.

Tutto questo rappresenta un incredibile falso storico, Costantino è pagano e tale rimane fino alla sua morte, quando gli viene imposto il battesimo senza sua richiesta. Una vera e propria estrema unzione con l'acqua battesimale. Anche la consacrazione del cristianesimo a religione di stato non rappresenta la verità, si tratta in effetti di un ibrido realizzato con sapiente dosaggio del culto pagano del Sole di origine siriana, di quello di Mitra e appunto il cristianesimo. E sono i primi due ad influenzare le tradizioni del terzo. Fino ad allora la nascita di Gesù viene celebrata il sei gennaio e il giorno sacro da dedicare alla preghiera è il sabato, il *sabbath ebraico*. L'editto di Costantino sposta la Natività al 25 dicembre, data del *Natalis Invictus,* la nascita e rinascita del sole. Come della nascita del dio pagano Mitra, del quale abbiamo visto le incredibili analogie con la vita di Gesù. E impone il *venerabile giorno del sole,* la domenica, al posto del sabato. Basterebbe questo per capire come la vera religione dell'impero sia il culto pagano del sole e di Mitra, inserendo il cristianesimo in virtù delle analogie fra le diverse fedi e della tolleranza dei culti pagani. Questo accade per ragioni prettamente politiche, probabilmente con la sapiente regia della chiesa romana. Costantino è ferocemente convinto di una necessaria unità dei vari territori dell'impero, della politica e delle religioni. Costruisce chiese cristiane come templi dedicati a Mitra o al Sole, sfuma ogni differenza fra le tre fedi con candida semplicità. Suo solo scopo difendere l'unità dell'impero, fondamentalmente anche il Culto del Sole è una scelta politica che con la sua spiritualità non ha molto a spartire.

Perché la chiesa romana, così tenacemente attaccata alla sua ortodossia, permetta un così drastico inquinamento pagano al cristianesimo si comprende nel 325 quando Costantino convoca il Concilio di Nicea. E' un evento epocale, come già detto lo spartiacque che divide per sempre il puro cristianesimo di Gesù dal cattolicesimo odierno. La gerarchia della chiesa romana stabilisce in quell'occasione regole dogmatiche assolute che incatenano al potere clericale il monopolio assoluto del sacro. In quell'occasione decide *attraverso una votazione* che Cristo è un dio e non un comune mortale, cosa gradita a Costantino che può così associarlo al Culto del Sole senza troppi problemi ideologici. Il Concilio stabilisce la data della Pasqua, concede nuovi poteri e privilegi ai vescovi, stabilisce per la chiesa una rendita fissa e impone il palazzo del Laterano come sede del vescovo di Roma. Ma le conseguenze più devastanti derivate dal Concilio sono ideologiche, se non spirituali. In quell'occasione viene stabilito quali siano i testi sacri della chiesa e quali da ripudiare e bollare di eresia. Antichi e straordinari documenti vengono setacciati dai vescovi e dai dottori della chiesa alla ricerca di qualche insegnamento antitetico all'ortodossia. Moltissimi vengono distrutti, una vera e propria strage culturale del cristianesimo, già pesantemente colpito dalla purga di Diocleziano che nel 303 aveva ordinato la distruzione di tutti i documenti cristiani trovati. La chiesa e la commissione costantiniana revisionano, riscrivono e adattano alle loro necessità politiche ogni testo consegnando finalmente al mondo in trepida attesa i libri sacri opportunamente adattati. Un oceano di Sapere viene annientato, la più grande manipolazione della storia documentale è un fatto, i dogmi assoluti una verità senza appello. Il genere umano viene derubato del suo passato, tutto il genere umano a qualsiasi fede appartenga. Il Nuovo Testamento che oggi conosciamo è il prodotto artificioso di scrittori del IV secolo, mirato essenzialmente a custodire con cura interessi politici ed economici ammantati di sacralità. Il materiale originale giunto ai nostri giorni, sia ritrovato attraverso scavi archeologici sia salvato attraverso la trasmissione orale di adepti a sette eretiche, è solo una piccolissima parte del tesoro culturale del cristianesimo, ma anche del paganesimo. Ed anche su questa piccola parte si scatenano depistaggi, manipolazioni, sapiente inserimento di documenti falsi fra i veri per metterne in dubbio la reale provenienza. Il sistema adottato per giudicare eretici e demoniaci documenti di meraviglioso sapere può essere accostato al *Malleus Maleficarum*, testo adottato dall'Inquisizione per identificare "con sicurezza" le donne dedite al culto di satana. Una stessa caccia alle streghe su differenti piani con conseguenti stragi fisiche e culturali. In entrambi i casi vittime innocenti sacrificate in nome sadismo e perversione, potere e falsificazione. Ogni dogma della chiesa non nasce dalla volontà di portare gli uomini verso la Salvezza, non ha alcun aggancio con il sacro. Sopravvive e si tramanda nel secoli grazie ad una straordinaria abilità politica, potere ricattatorio, perfetta conoscenza della coscienza di massa. La gerarchia clericale conduce un organismo profondamente padrone della filosofia, della psicologia, di antiche scienze antiche, del passaggio esoterico. Abilissimo nel comprendere con largo anticipo ogni mutamento sociale al quale si adatta come una seconda pelle. Non è possibile in alcun modo scalfirne la corazza, non ti permette di accedere ai suo impenetrabile mondo ma è capace di ingoiarti se necessario. A tutti gli effetti è una potentissima setta dogmatica a statuto paracristiano, Grande Maestro e Consiglio Supremo infallibili tenutari di un ereditario potere assoluto.

79

ATTRAVERSO L'ANTICO MISTERO

Il mistero degli antichi segreti si perde nello spirito del tempo e dello spazio, è formato da infinite particelle di luce transitate attraverso i millenni e custodite a tesoro in inaccessibili luoghi. Queste infinite particelle sono gli esseri umani, gli inaccessibili luoghi il loro essere profondo, lo Spirito Originante. Pochi hanno trovato la chiave per aprire la porta. Di questi qualcuno ne ha disperso il tesoro, qualcuno ne ha goduto il frutto, qualcuno ne ha tramandato il mistero. Esiste un inizio, esisterà una fine come per tutte le storie, le leggende, le favole. Chi può dire se è stato scritto in Egitto o in Caldea, nella Grecia antica, nell'Oriente lontano o in qualsiasi posto del mondo. Non ha neppure importanza il luogo dove l'uomo si è fermato a guardare l'universo infinito, chiedendosi cosa esisteva oltre quel cielo pieno di luci lontane. Non ha neppure troppa importanza il nome assegnato al mistero, il dio che ha invocato in aiuto ai suoi dubbi, i riti che gli hanno permesso di sentirlo vicino. Non ha importanza perché milioni di uomini lo hanno fatto, distanti e diversi fra loro, invocando il divino con lingue diverse e inconciliabili mezzi. La domanda è sempre stata la stessa, *dove sei e come posso raggiungerti.* Tutti hanno ottenuto risposta. Qualcuno ha avvertito la voce, qualcuno ha percepito un confuso bisbiglio, qualcuno non ha saputo ascoltare. Chi ha sentito la voce di Dio ha percorso mille strade diverse, scrivendo la singola pagina di un immenso Libro Sacrale. E' divenuto discepolo, iniziato, maestro. Ha perduto ogni cosa e ritornato nel mondo, ha conservato ogni cosa diventando Custode e diffondendo il Segreto. Non possiamo comprenderne nulla, se non attraverso noi stessi. Ci affanniamo a cercarne il significato attraverso inutili riti, lo studio di altri, inseguendo miti lontani. Non esistono mezzi per arrivare dentro se stessi, perché solo dentro noi stessi esiste risposta. Come possiamo comprendere Eraclito, l'immenso filosofo greco, se non siamo Eraclito stesso. Certo possiamo seguirne le orme, fare nostro il suo pensiero. Ma l'origine della Luce di Eraclito è solo sua, non possiamo usarne il Mistero. Possiamo diventarne sterile copia, di lui come di ogni maestro. Come lui diceva, *la Verità va cercata dentro di noi, è la nostra anima che dobbiamo ascoltare e non l'ingannevole mondo delle apparenza.*

Viviamo dentro ad un sogno senza coscienza di ciò che facciamo, incapaci di cogliere la natura profonda, l'essenza di tutte le cose. Muoviamo ogni passo in un mondo straniero dove tutto diventa abitudine, rumore, falsa certezza. Anche il sapere di chi si chiama maestro è prigioniero dello stesso sapere, lontano dal *Logos* che governa l'intero universo come legge immutabile e eterna.

Eraclito era parte di uno straordinario mondo dove il pensiero poneva domande alle stesse risposte e le risposte tornavano domande. Socrate, *ricerca te stesso oltre te stesso*, Platone, Aristotele, Ipazia lapidata e bruciata, Sofocle, Cratilo allievo di Eraclito e maestro di Platone, Euripide, Aristofane, Trucidide, Gorgia fonte del pensiero di Socrate sono solo alcuni degli immensi pensatori che si definivano il *nulla perduto nell'universo*. Univano la sapienza riconosciuta dell'antico Egitto a cento altri misteri, ne elaboravano la forma e il contenuto ricominciando e ricominciando ancora. Consci che la perfezione non può esistere nell'essere umano scrivevano la loro pagina e la consegnavano al mondo. La stessa cosa presente in tutte le dottrine filosofiche che dal VI secolo prima di Cristo al V secolo dopo Cristo hanno trovato spazio nel mondo. Più di mille anni di storia trapassati dalla lama del pensiero cosciente alla ricerca di Dio.

Allo stesso modo, gioielli incastonati nel mondo, devono essere considerati i concetti del sufismo volto mistico dell'Islam, la Via del Cuore, il sentiero che conduce il ricercatore alla Presenza Divina. Basta ricordare un pensiero di Shaick Nazzim al Aqqani, filosofo sufi, per riportarci alle radici gnostiche e cristiane: *"L'Amore è il legame che unisce i cuori, la base incrollabile su cui tutto costruire. Se*

81

l'Amore è il fondamento il tuo edificio sopporterà tutti i terremoti e tutte le tempeste. Potrai costruirlo alto e ampio quanto vorrai, senza essere in pericolo. La nostra Via è la Via dell'Amore. Abbandona ciò che ti impedisce di seguire il Sentiero e volgiti per seguirlo con perseveranza. Segui sempre la Via fino in fondo, fino alla tua destinazione."

Non è possibile avvicinarsi a se stessi *senza conoscere ciò che è nascosto nel tempo*, non è possibile avvicinarsi a se stessi *diventando parte integrante di ciò che è nascosto nel tempo.*

Come non è possibile considerare la realtà un monolite in quanto eternamente in movimento, il prodotto della lotta fra opposti e contrari dove l'opposto tende a trasformarsi sempre nel suo contrario. *Non è possibile immergersi due volte nello stesso fiume, l'acqua sarà sempre diversa* diceva Eraclito, un assioma diretto alla concezione illusoria del mondo materiale.

Uno sguardo al passato e la percezione della transitorietà ingannevole del presente sono l'inevitabile passaggio verso il futuro. La gnosi è tutto questo, il sacrificio di aiutare gli altri facendo propri l'amore cristiano, la compassione buddista, il sentimento sufi, la sapienza greca, il misterico egiziano e tutto quanto possa essere ricondotto all'essenza stessa di Cristo. Chi non ama non potrà mai conoscere, chi conosce non potrà mai amare se non attraversa l'esistenza compiutamente.

Tutto ciò che abbiamo visto è solo la piccolissima parte dell'immenso tesoro gnostico presente in ogni parte del mondo. Il quadro che viviamo sarebbe immensamente diverso se la l'amore e la saggezza presente in ogni angolo della terra fosse riunita in solo corpo, come insegnamento di Cristo propone. Possiamo dire che viviamo due realtà parallele, una costruita artificialmente attraverso dogmi religiosi e imposizioni sociali imperniate su falsi modelli di vita condizionanti ed una prettamente spirituale, brace eternamente accesa a ricordo dell'essenza primordiale. Dio, con qualunque nome lo si voglia chiamare, è in nostra attesa. Il demiurgo, o comunque lo voglia intendere, ci impedisce di rispondere alla sua chiamata.

Fedor Dostoevskij nel suo capolavoro *I fratelli Karamazov* dipinge un quadro straordinario sulla differenza fra il Bene e il Male. Ivan dice al fratello Aleksei, novizio in un monastero, che *tutto è permesso* all'uomo quando, spogliandosi di ogni catena religiosa e morale, diventa esso stesso un dio. Completamente libero di varcare ogni limite morale ed etico in quanto non esiste entità divina o demoniaca che possa premiarlo o punirlo. Di reale secondo Ivan esiste sola la vita terrena limitata nel tempo, per realizzarla occorre attraversarla in pienezza senza alcun timore di portare sofferenza e dolore ad altri uomini.

E' il doppio perfetto inganno del demonio, *cogli il frutto proibito e il mondo sarà tuo.* Pronto a rinnegare anche se stesso pur di cancellare il pensiero di Dio dalla mente umana, nella logica *se non credi alla mia esistenza non sarai in grado di riconoscermi.*

Aleksei ribatte che senza coscienza morale l'uomo è *esso stesso creatore del demonio*, destinato a perdersi in una spirale di totale annientamento. Per lo scrittore russo il diavolo è presente in ciascuno di noi pronto a scatenarsi se gli viene permesso, Il Male non ha dunque la statura assoluta del Bene. *Dio esiste* mentre il diavolo *può esistere.*

Di conseguenza chi non crede nell'esistenza di Dio e dimentica ogni valore o confine morale posto dal divino all'umano è inevitabilmente destinato a creare esso stesso l'entità diabolica, affondando in un inferno di abiezione e perversità.

Fondamentale per l'antitesi divina *impedire qualsiasi contatto fra l'uomo e Dio,* portarlo a negare la stessa esistenza del Bene e del Male imprigionandone il pensiero nella ragnatela vischiosa di una pseudo libertà decisionale. L'immenso valore degli antichi pensatori custodi del mistero è proprio il ribellarsi alla concezione dal sapere fine a se stesso, cercare approdo in un porto dove amore e coscienza critica di se stessi rappresentano l'unico faro.

ERMETISMO E I CUSTODI DEL SAPERE ANTICO

Qualsiasi cosa accada nel mondo possiede radici nel passato che ne condizionano presente e futuro. Anche se queste radici-tradizione vengono estirpate con cura e la pianta-mondo resa oggetto di continui innesti, quest'ultima conserverà sempre il ricordo genetico della sua nascita che un buon scienziato potrebbe riuscire ad isolare. Trasferita sul piano spirituale, significa che non tutto il sapere antico è andato perduto e nel perfetto ciclo rotatorio del tempo molte cose misteriosamente si ripresentano con diversa forma ma stessi contenuti. Si creano i presupposti storici necessari al risorgere di spiritualità e ricerca verso il divino che *occulti custodi del segreto sapere antico* attendono pazientemente. Segreti fra loro tramandati nei secoli quando non estratti dalla ricerca nel presente. Su questi custodi la letteratura si è affannata nel tentativo di portarli alla luce, via via indicandoli sulla base di riferimenti reali o immaginari. Rosacroce, Priorato di Sion, Libera Muratoria, Libro Segreto, Diritto Messianico, gli stessi Templari, Catari, Esseni e molti altri vengono presentati come i tenutari di ogni mistero. E' ragionevole pensare che questi ipotetici custodi, ancora oggi disperatamente cercati dai nemici del sapere antico, non possano essere identificati con tanta facilità. Dopo secoli e secoli di terribili persecuzioni la loro capacità di scomparire si è affinata, diventata perfetta. Tutto ciò che emerge appare più come un depistaggio diretto ai persecutori, lo scatenarli su tracce molto lontane da dove realmente si trovano. Rivelando con diversi artifici mezze verità capaci di affascinare la fantasia (romanzi, saghe sulla magia, pellicole cinematografiche, eventi inspiegabili) ottengono una grande attenzione mediatica al misterico sulla quale curiosamente sempre si scatena la repressione della chiesa che si affretta a bollare molte opere *come pericolose e fuorvianti dalla salvezza specie per le giovani generazioni.* Lo stesso procedimento usato da sempre verso i documenti falsamente dichiarati eretici. Oltre all'attenzione del mondo, il fiorire continuo di opere sulla magia sono anche *autentici e chiari messaggi* diretti a tutti gli iniziati che attendono la rivelazione.

I custodi del sapere antico, al pari della chiesa, posseggono conoscenze capaci di dar loro in largo anticipo l'esatta percezione dei movimenti sociali. Sono perfettamente consapevoli di come la coscienza di massa possa essere manipolata e indirizzata, avviano quindi azioni non tanto per assumerne il controllo quanto per liberarla dall'oppressione. Una vera e propria guerra sotterranea combattuta da sempre, dove entrambi conoscono ormai perfettamente punti di forza e debolezze del nemico.

Se la chiesa e i suoi alleati rappresentano un granitico monolite dogmatico, i custodi del sapere antico distribuiscono le loro forze in innumerevoli rivoli spesso sconosciuti l'uno all'altro. Questo sistema ha permesso la loro sopravvivenza nei secoli, la "cattura" di un gruppo non dava infatti possibilità di individuarne un altro. Altra importante qualità dei custodi è *la dislocazione territoriale universale,* una vera e propria alleanza trasversale dove segreti di origine diversa ma stesso nucleo centrale vengono condivisi per un unico obiettivo, la loro conservazione. Una strategia che ricorda i templari e il loro profondo legame non ufficiale con l'Oriente nella ricerca di una comune entità divina, un monoteismo raggiunto partendo da diverse strade di conoscenza. Se antiche tradizioni, metodi di ricerca e tipi di fede sembrano indicare differenze assolutamente inconciliabili, sempre un percorso gnostico accomuna la ricerca spirituale. Semplici discordanze legate a storicità, territorialità, etnia e nomenclatura, in una visione monoteistica avanzata non pregiudicano in alcun modo il loro saldarsi in un comune intento. Anzi ne arricchiscono la conoscenza. Nel passato più remoto del mondo risiede un perduto e straordinario sapere, l'incessante ricerca di un'entità suprema di riferimento ha prodotto risposte delle quali a noi sono giunte solo tiepide tracce. Eppure anche questi frammenti di conoscenza sono stati raccolti, ricostruiti con infinita pazienza, inseriti in altri brandelli di verità e riconsegnati al mondo. Se con la stessa pazienza e nessuna costrizione ideologica vengono affrontati i diversi modi di intendere la spiritualità, è evidente come fra essi esista un profondo, intenso legame. Lo stupore dell'uomo davanti all'universo ha sempre determinato nel mondo antico la ricerca di una correlazione fra se stesso e l'infinito. Egizi, persiani, mesopotamici, ebrei e antichi cristiani sono sempre partiti dall'assunto che comprendendo i movimenti cosmici si possa arrivare al loro controllo, meglio ad un totale inglobamento in essi. Tradotto in termini gnostici significa il raggiungimento dell'unità con Dio. La differenza è nel percorso affrontato attraverso l'utilizzo di riti propiziatori, anche di evocazioni e offerte sacrificali tipiche della Goetia. Il Libero Arbitrio consegna al genere umano l'assoluta possibilità di scelta fra il demiurgo e il Dio di Luce, l'addentrarsi nella spiritualità porta inevitabilmente ad un bivio verso le due entità ed è una strada senza ritorno. *La magia bianca e la magia nera*, come vengono comunemente indicate le due possibili direzioni esoteriche, non esistono in quanto tali. Demonizzate entrambe come inganno del male sono in effetti totalmente scisse fra loro, un'altra manipolazione della verità. L'equivoco nasce dalla considerazione della magia come *forzatura degli eventi personali o di altri individui attraverso l'evocazione di entità compiacenti, riti propiziatori, legature e malefizi.* Tutto questo è attribuito comunemente a satana, ma presenta un legame inquietante con la fede stessa. Presuppone intendere evocazione la preghiera, propiziatorio il tradizionale rito religioso. Semplicistico liquidare tutto con la direzione verso la quale vengono indirizzate, stabilita da dogmi che con la gnosi non hanno nulla a vedere. E' ragionevole pensare che indicare la magia come comunque appartenente al demonio sia strategico tentativo di affidargli anche la proprietà della conoscenza iniziatica dipingendone l'accesso come ipotetico ingresso infernale. La magia è semplicemente antica conoscenza, inserita nella cultura araba come parte integrante della filosofia. E dalla

86

cultura araba trasferita, con buona certezza attraverso i templari, in Occidente. Risale poi al medioevo la prima traduzione di testi come il *Picatrix* e la stesura di altri documenti simbolicamente firmati da Salomone, Adamo, Raziel ed Ermete autore dell'*Ascelpius* dove il mondo viene considerato come popolato da angeli e demoni e la magia il mezzo per sottrarre sapienza agli spiriti. Tesi molto vicina alla concezione eretica e al percorso gnostico, non ha eccessivo costo epistemologico un interscambio fra i contenuti. L'avvento delle conoscenze magiche orientali riceve la solita immediata e feroce risposta dalla chiesa romana preoccupata dall'ingresso di una spiritualità antagonista. La Santa Inquisizione scatena la sua fantasia perversa , tortura e manda al rogo chiunque a suo insindacabile giudizio possa essere sospettato di magia. Le carceri sono affollate di presunti maghi e streghe in attesa dell'esecuzione.

Sparirà anche una mente eccelsa come quella di Giordano Bruno, sulle fiamme accese il diciassette febbraio del 1600 dopo anni di carcere e tortura. I frammenti dei verbali processuali sono un agghiacciante conferma di come la ragione non può in alcun opporsi ad una decisione già presa. Come Cristo viene condannato dal Sinedrio, cosi il filosofo secondo il quale non dovevano esistere dogmi o padroni della fede è avviato al martirio.

Anche l'antica A*lchimia*, il cui significato è semplicemente trasformazione e viene comunemente indicata come l'antenata della chimica, pone in Oriente la sua essenza. Il suo interprete più noto è Teofrasto Paracelso, autore di innumerevoli testi alchemici. Considerata da Pietro da Ferrara nel 1330 circa come *scienza alla ricerca di ciò che ancora non esiste,* nell'immaginario collettivo viene intesa essenzialmente come volta alla creazione della *Pietra Filosofale* capace di mutare il piombo in oro donando immense ricchezze. Appare logico pensare che l'alchimia altro non era se non il percorso gnostico capace di tramutare l'uomo in divinità. Classificarla come strumento capace di creare l'oro dal piombo permetteva di consegnare ai suoi operatori la patente di mago, trasferendoli in massa, senza troppi problemi, sul rogo.

La macchina della Sacra Inquisizione relega la sapienza di matrice orientale nel solito angolo buio dove la chiesa romana costringe i pensieri non dogmatici. Lunghi anni di silenzio sono consegnati nuovamente alla storia, fino al Rinascimento quando la *filosofia ermetica* diventa motore del libero pensiero.

L'Ermetismo deve il suo nome a *Ermete Trimegisto,* saggio ed antichissimo iniziato di presunta origine egiziana, autore di scritti sulla vera conoscenza dell'origine del mondo. La sua filosofia, le cui tracce vengono cancellate nell'antico occidente latino, invade i territori di lingua greca e si radica profondamente nel mondo arabo assumendo i connotati di autentica religione e diffondendo numerosi testi. Molti di questi vengono considerati opera di *Ermete il Filosofo,* autore di testi astrologici, alchemici e magici. L'Ermetismo attraversa i confini dell'Occidente dopo la presa di Costantinopoli da parte dei Turchi nel 1453, grazie allo studioso Bessarione che intende preservare il patrimonio letterario greco antico. La raccolta include anche testi ermetici fra i quali il *Corpus Hermeticum* e l'*Asclepius* di Ermete il Filosofo. Una copia del primo viene successivamente acquisita da Cosimo de' Medici, signore di Firenze, che ne affida la traduzione in latino a Marsilio Ficino e ordina una successiva nuova edizione in volgare. E' l'inizio di una grande diffusione dei testi ermetici, con particolare interesse di Venezia che diventa idealmente la capitale dell'Ermetismo. Nel 1571 a Treviso viene realizzato il primo testo interamente occidentale, l'*Editio Princeps.* E' un vera valanga culturale, un fenomeno epocale che porta l'Europa cristiana davanti ad una nuova rilevazione divina antica quanto la Bibbia ed ancora più chiaramente comprensibile. Il testo del Corpus Hermeticum si presta ad interessanti interpretazioni filosofiche, come l'accettazione della magia egizia come vera e propria religione da parte di Giordano Bruno che la definiva: *"La buona religione andata in declino quando il cristianesimo degli uomini la distrusse, la mise al bando con le sue leggi e la rimpiazzò con il culto delle cose morte, assurdi riti, condotta priva di morale e guerra senza fine".* Inutile dire quanto questa dichiarazione peserà nell'accusa di eresia subita dal filosofo.

Ermete Trimegisto era il *Maestro dei Maestri,* riconosciuto dagli iniziati come padre della scienza occulta, fondatore di alchimia e astrologia. In alcuni documenti si trova come contemporaneo e maestro di Abramo, la leggenda lo vuole in vita per trecento anni per poi assurgere al Cielo e diventare il dio Toth interpretato dai greci come Ermete dio della saggezza. La provenienza egizia di Ermete Trimegisto non è storicamente provata, l'immensa fama di saggezza che lo accompagnava ha portato molti Paesi a disputarsi anticamente l'onore di avergli dati i natali. Ermete è quindi stato avvicinato alla Caldea, Persia, India, Cina, Giappone, Grecia come all'antica Roma. Potrebbe anche trattarsi di una figura simbolica, incarnazione di una dottrina che comprendeva millenari insegnamenti di diverse culture o di una setta di Grandi Maestri. La sua collocazione in Egitto, prevalente negli studiosi ermetici, nasce dalla magia egizia madre delle *Dottrine Mistiche della Sapienza Eterna.* L'incredibile cultura e sapienza, la profonda conoscenza dell'architettura e delle arti, le avanzate nozioni astrologiche da parte degli egiziani sono ancora oggi un mistero inspiegabile. Ancora più inspiegabile l'enorme impatto che i misteri esoterici consegnano alla loro storia. I sacerdoti egiziani possedevano millenni di studi tramandati da Maestro a Maestro, la *Sapienza Occulta* che i futuri adepti portavano nel mondo pronti a renderne partecipi *tutti coloro pronti a riceverne gli insegnamenti.*

L'antica trascrizione dei fondamenti dell'Ermetismo tramandata da maestro a scolaro e giunta ai nostri giorni è conosciuta come *Kybalion,* termine di cui si è perso l'esatto significato. I suoi precetti, trasmessi oralmente attraverso i millenni, costituiscono l'*Arte dell'Alchimia Ermetica* che come già detto contrariamente al credere comune si rivolge al piano mentale e non a quello materiale, alla trasposizione dell'energia mentale e non alla trasmutazione da un metallo ad un altro. Un'allegoria molto chiara agli studiosi ermetici.

Il Kybalion che oggi abbiamo a disposizione si presenta sotto forma di versetti sul tipo del vangelo di S. Tommaso. Gli iniziati ermetici lo descrivono come *un'energia capace di rivelarsi compiutamente solo quando il lettore è pronto a riceverne gli insegnamenti.* Certamente affrontare la lettura del Kybalion non è facile impresa, non tanto per difficoltà interpretativa quando per le diverse sensazioni che si ricevono. Quasi confermando la teoria precedente l'apertura è chiaramente gnostica, *"Allorché si ode il rumore dei passi del maestro, si aprono le orecchie di coloro che sono pronti a riceverne l'insegnamento. Quando le orecchie dello studioso sono pronte per l'audizione, vengono allora le labbra a riempirle di saggezza".* Il Kybalian trasmette sensazioni, accade di iniziarne la lettura e lasciarla per mesi se non anni. Riprenderla arrivando ad un punto di nuovo abbandono e cosi avanti per molto tempo. Non vi si trovano insegnamenti capaci di essere compresi con la logica, è un percorso gnostico che vede la sua origine nell'accettazione del Tutto come espressione divina. Divide l'universo in tre categorie, *il grande piano fisico, il grande piano mentale, il grande piano spirituale.* Ovvio il rapporto con il pensiero gnostico di corpo, anima e Spirito. I principi ermetici sono sette, *colui che ne ha conoscenza possiede la chiave magica con la quale si aprono tutte le porte del tempio.* Come sette secondo i documenti gnostici sono i gradi iniziatici trasferiti da Cristo in Maria Maddalena, diventati per alcuni vangeli *sette demoni usciti dal suo corpo.* I sette principi ermetici vengono classificati come *mentalismo, corrispondenza, vibrazioni, polarità, ritmo, causa ed effetto, genere.* Addentrarsi in ognuno di loro dettagliatamente sarebbe elemento di confusione, ognuno può cercarne il proprio significato con la propria esperienza e studio. *Nessun Maestro può entrare se le porte del Tempio non sono aperte.* L'apertura di queste porte è decisione personale, spesso non è sufficiente un'esistenza intera solo per trovarne la chiave. Certamente nel Kybalion esistono straordinarie sovrapposizioni con insegnamenti lontanissimi fra loro nel tempo, nello spazio e nella concezione religiosa. Dalla tradizione ebraica e cristiana a quella araba, dalle Zen al buddismo, l'induismo, le diverse interpretazioni animistiche ed infinite altre tutto riporta al concetto dell'essere umano posto al centro dell'universo alla continua ricerca di se stesso e della sua origine divina. La sapienza non è andata distrutta, ma riversata ovunque nel mondo. I Custodi del Segreto da millenni adempiono alla loro missione conservativa come da millenni i loro persecutori cercano con qualsiasi mezzo di cancellarli dalla storia. La possibilità di una comunicazione globale e difficilmente controllabile porta nei nostri giorni un nuovo step dove è possibile ricevere informazioni e divulgarne altre abbastanza facilmente. Difficilmente lo sviluppo culturale permetterà l'innalzamento di roghi nelle pubbliche piazze, anche se la repressione trova sempre la via giusta per agire. Una di queste è la mescolanza della verità con false verità. Occorre quindi grande prudenza nell'affrontare l'informazione di oggi. L'iniziato o il semplice curioso deve dubitare sempre e comunque di ciò che viene imposto come dogma, non esiste Verità Assoluta oltre alla presenza divina nell'universo. Non esistono maestri capaci di mutare il corso esistenziale dell'individuo, non esiste dottrina illuminante se *prima non viene accuratamente svuotato il contenitore che deve accoglierla.* Non esistono facilitazioni al percorso che esulino dalla feroce determinazione spirituale, non esistono riti od entità pronte ad aprirci la strada senza pagare un alto prezzo che finisce inesorabilmente per sbarrarle. La materia è strumento del demiurgo per imprigionare la nostra anima, occorre vivere l'esistenza con la consapevolezza della sua transitorietà.

Siate candidi come colombe e astuti come serpenti voi che cercate la verità, voi che portate nel mondo la Mia Parola.

IL DUALISMO COSMICO E IL PECCATO ORIGINANTE

Valentino è un personaggio di grande rilevo nella dottrina gnostica, potrebbe esserne definito un rinnovatore. Entrato in collisione con la chiesa attorno al 140 d.C. Valentino fonda i Valentiniani e annovera fra i suoi discepoli Tolomeo, Eracleone e Marco. Valentino introduce nell'universo gnostico i concetti che vedremo di *Plerama, Eoni, Sophia* e teorizza come all'inizio dell'universo esistessero unicamente il *Propàtor* (anteriore al padre) chiamato anche *Btthos* (abisso), immerso in uno stato di assoluta quiete insieme alla sua parte femminile *Sigé* (silenzio).

Il Propàtor Amore Infinito emana da sé *Nous*, primo degli Eoni (puri spiriti) e capostipite di una limitata legione che in scala gerarchica opera direttamente sull'universo. Anche se per il pensiero di Valentino questo è inesatto, possiamo definire queste emanazioni del Propàtor come Arcangeli e Angeli, fondamenta della realtà superiore ed eterna che si riflette sfocata e priva di spiritualità nella realtà inferiore.

Da rilevare come il termine *Aiones* (plurale di Eoni) appaia molte volte nei rotoli ritrovati nel 1945 a Nag-Hammadi, sempre come parti costituenti della spiritualità eterna.

Dalle teorie di Valentino si affina il Principio Assoluto dello gnosticismo, la presenza di due entità supreme antitetiche fra loro. Un Dio di Luce e spiritualità in contrasto con tutto ciò che è materia, animata dal Demiurgo di essenza malvagia. Gli iniziati considerano il Dio di Luce emanatore di *eoni*, spiriti più o meno evoluti a seconda della loro distanza dalla fonte divina. Questi spiriti allontanandosi dalla Luce perdono progressivamente energia, prima conseguenza la perdita del loro ruolo angelico. Dirigendosi verso la mescolanza del Regno di Luce, il *Pleroma*, con la materia del regno delle tenebre, il *Kenoma*. E' questo ibridismo l'elemento dal quale sorge il mondo materiale creato dal demiurgo, identificato come il dio dell'Antico Testamento. Il mondo è quindi essenzialmente malvagio, infinita fonte di sofferenza e dolore che sono nutrimento energetico per il suo creatore e i suoi demoni.

In alcuni pensieri gnostici il demiurgo è figlio di *Sophia*, spirito celeste di natura femminile che durante la sua caduta verso il basso raggiunge il punto più lontano dal Pleroma e genera un mostruoso feto malvagio. Concezione più mistica della tradizionale caduta di Lucifero dal Regno dei Cieli.

Gli gnostici come detto vedono nel demiurgo il dio dell'Antico Testamento, che inizia la creazione dando forma agli *arconti,* potenze malvagie paragonabili agli angeli corrotti caduti dopo la rivolta nei cieli raccontati nella Bibbia. Sette di questi arconti aiutano il demiurgo nella creazione del primo uomo.

Anche qui troviamo un nesso fra il numero degli arconti, i principi ermetici e le fasi iniziatiche con le quali opera Gesù. Infatti i sette arconti infondono nell'anima di Adamo *ognuno una sostanza diversa* e la circondano di materia, il corpo umano. Il risultato è fallimentare, Adamo acquista la carne ma non riesce a dominarla. Striscia sulla terra e non ha alcuna delle caratteristiche pensate volute. L'intervento occulto di Sophia costringe il demiurgo ad infondere la piccola parte di Luce ancora presente nella sua origine in Adamo, che in conseguenza di questa benevolenza acquista la conoscenza e quindi il ricongiungimento con il Dio di Luce. Il compimento del percorso gnostico così ottenuto lo sottrae dal controllo del demiurgo e lo consegna ad una vita eterna nel Paradiso Terrestre, replica materiale del Regno Celeste e degli angeli di Dio. La risposta del demiurgo è feroce, uccide il primo uomo e ne blocca l'ascesa dello Spirito al Regno Celeste avvolgendolo in un nuovo corpo, composto di trecentocinquantacinque spiriti.

In un antichissimo frammento pare fosse riportato un numero diverso di spiriti intervenuti, esattamente seicentosessantasei. Questo particolarissimo numero notoriamente indicato come espressione dell'anticristo nell'Apocalisse, *qui sta la sapienza. Chi ha intendimento conti il numero della bestia, perché è un numero d'uomo*, ha trovato inquietante similitudine con gli studi recenti sul DNA umano. Uno dei cinque componenti, il carbonio 12, è infatti formato da sei protoni, sei neutroni e sei elettroni. In sostanza la molecola base della vita sulla terra, casualmente o no, ha origine nel presunto simbolico della Bestia. Ricordando come l'uomo può essere inteso come *"unità carbonio"* ed anche come, in alcuni testi alchemici, l'oro venga prodotto attraverso la pietra filosofale non con l'utilizzo di piombo ma di carbone, esistono coincidenze sufficienti se non altro alla stesura di un buon romanzo fantasy.

Rientrando nella creazione del nuovo corpo di Adamo, troviamo gli arconti intenti ad infondergli le passioni umane della paura, piacere, desiderio, dolore. Viene creata allo stessa stregua Eva, alla quale il primo arconte infonde la passione sessuale con la quale corrompere i due padroni dell'Eden. Per lo studiosi gnostico l'attrazione carnale è una forza malefica che attraverso l'illusione conduce all'inversione dei poli del Bene e del Male.

Attraverso la congiunzione carnale, il *Peccato Originale*, lo spirito dell'uomo viene definitivamente rinchiuso nel corpo e porta il destino del mondo verso la schiavitù demoniaca allontanandolo dalla Luce del Dio d'Amore. Solo il lungo percorso gnostico individuale può rivelare compiutamente il perverso e maligno inganno dell'illusione materiale.

Ritengo più appropriata la definizione *Peccato Originante* in quanto portatore della procreazione e del ciclo di reincarnazione, la strategia con la quale il demiurgo pone fondamenta al suo piano di nutrimento energetico. *Andate e moltiplicatevi* rappresenta la vittoria della materia sullo spirito, il deposito infinito dove attingere forza per se stesso e le schiere di demoni al suo seguito. In questa personale visione, appare del tutto inutile l'imposizione del battesimo sacramentale che certamente non può sradicare una componente che ancora non esiste. Lo sviluppo della sessualità avviene fra i sette e i quattordici anni di vita, cosa che ci riporta al versetto di S. Tommaso dove *l'uomo vecchio deve chiedere consigli di Salvezza al bimbo di sette anni.*

Anche gli innumerevoli riferimenti alla purezza infantile, *se non sarete come bimbi non potrete in alcun modo entrare nel Regno dei Cieli* oppure *lasciate che i bimbi vengano a me perché in essi è il Regno del Padre,* sono precisa indicazione su come Cristo consideri la perfezione insita nella venuta al mondo e come solo successivamente si corrompa. Il battesimo sacramentale impone un dogma di difficile comprensione, assegnando la proprietà dell'anima al demiurgo *prima ancora di un percorso di corruzione della carne che la contiene.* Valore molto diverso appare il battesimo imposto da Giovanni Battista, ripreso dal Consolamentum cataro, che rappresenta *l'accettazione del Bene come strada verso Dio e il rifiuto della materia corrotta nella perfetta consapevolezza del peccato.* Il primo passo verso l'iniziazione gnostica.

Indicare il demonio come allontanato dal battesimo sacramentale non ha quindi logica spirituale. Appare più un disegno per nasconderlo nell'ombra in attesa in attesa del momento giusto per ghermire la sua preda. Inserisce nell'essere il primo dogma manipolatorio e deviante, contravviene al Libero Arbitrio, pone le basi per l'accettazione di un cristianesimo non corrispondente alla sua origine.

Anche attraverso una visione dogmatica presenta diverse incongruenze. Assegna infatti a Dio e Cristo un potere liberatorio *esclusivamente transitorio,* che satana può facilmente sradicare attraverso la tentazione. La discesa dello Spirito Santo durante il rito battesimale *presuppone la sua assenza precedente* quindi la venuta al mondo esclusivamente carnale. Ipotesi che fa a pugni con la concezione cattolica antiabortista dove la scintilla spirituale viene considerata presente nel momento della concezione. Non ha alcun radicamento sostanziale con l'insegnamento di Gesù, *che concede a tutti gli uomini giusti il potere di scacciare qualsiasi demone.* Se questo è possibile per l'individuo purificato, risulta difficile pensare ad un potere satanico capace di avvinghiare un essere perfetto come un neonato, cosa più volte affermata dal Cristo. E' più confacente immaginare un'entità malvagia rabbiosamente confinata in un angolo dalla purezza spirituale.

Anche la stessa dichiarata venuta di Cristo *pura incarnazione di Dio in terra*, non dimentichiamo dogmatizzata solo dal Concilio di Nicea e da un manipolo di vescovi espressione gerarchica di una chiesa in piena corruzione, diventa meno chiara. Gesù si avvicina al Battesimo di Giovanni solo dopo la *raggiunta consapevolezza della sua origina divina*, presumibilmente avvenuta durante le nozze di Cana, attraverso il quale riceve la definitiva consacrazione. Non è un rito unicamente salvifico ma iniziatico.

Diventa così ragionevole pensare che il rito battesimale sacramentale *indebolisca la protezione divina con l'instaurazione nel nascituro delle premesse ideali per un non conoscenza del percorso gnostico.*

L'affermazione appare assolutamente blasfema. Ma se con senso critico si associa ad essa tutta la strada perversa seguita dalla chiesa romana per imprigionare il cristianesimo, *Spirito di Verità*, nella materialità terrena, *corpo creato dagli arconti del demiurgo*, diventa se non plausibile certamente inserita in un ragionamento preciso.

Cristo è uno spirito superiore che scende sulla terra per insegnare come eliminare la materia e raggiungere la Salvezza. Giunge da uomo non per rimettere i peccati attraverso il martirio come afferma la dottrina cattolica, ma per liberare le particelle di luce corrotte dalla materia. Il suo corpo non è che un abito indossato provvisoriamente, attraverso la cui passione e morte inganna gli arconti e i loro servi terreni convinti di averlo ucciso. Grazie a Cristo, l'anima riacquista consapevolezza e può iniziare il viaggio di ricongiunzione con lo Spirito e quindi Dio, osteggiato dagli arconti e dai loro servi. Nella concezione modernista dello gnosticismo questi ostacoli demoniaci possono essere rimossi attraverso pratiche magiche, incantesimi, simbolismi, sigilli antichi, suoni propiziatori ed altri mezzi esoterici. Sistemi adottati o avvicinati da sette come *Rosacroce, Martinisti, Magia Cerimoniale* e anche da gruppi contemporanei come la *Chiesa di Scientology* e la corrente *New Age* che sembrano ideologicamente più consegnabili alla pratica della Goetia, l'antitesi gnostica. La perforazione delle difese erette dal demiurgo per impedire la salita al Regno dei Cieli è profondamente più semplice della sua riuscita affidata alle scienze occulte. Come estremamente più difficile, non appaia un controsenso. Se desideriamo entrare in un luogo dove sappiamo essere nascosto un tesoro, cinto da altissime mura e sbarrato da un pesantissimo portale, abbiamo due sole possibilità: procurarci la chiave o aprire il portale con la forza. Il secondo caso, la via oggettivamente più breve, deve necessariamente passare attraverso soldati al nostro servizio, macchine da guerra, impossibile produrre l'attacco senza attivare una reazione che potrebbe organizzare la difesa come nascondere il tesoro. Anche in caso di rapido successo dovremo lautamente pagare i soldati, *le entità intervenute in nostro aiuto,* affrontare la possibilità di non trovare più alcun tesoro, *la mistificazione del percorso,* correre il serio pericolo di essere traditi, feriti od uccisi, *ogni strada diversa apre le porte della Geenna.* Viceversa, se con pazienza ricerca e lungimiranza cerchiamo di procurarci la chiave del portale, una volta trovata potremo introdurci durante la notte all'interno del luogo e cercare il tesoro là dove sappiamo trovarsi. Senza alcun pericolo se non quello di non risvegliare i pochi soldati posti a guardia delle mura. La gnosi è la lunga ricerca del dissolvimento dell'illusione materiale capace di liberare l'anima rinchiusa al suo interno, un percorso individuale che può ricevere sostegno solo dalle parole del Maestro, *la cui voce potremo udire solo quando le nostre orecchie saranno aperte.* Tutto il resto è solo pericolosa forzatura. Come tutte le forzature produce danni e lascia tracce ben visibili che un buon investigatore può seguire con successo.

L'ANTICA PAROLA DIMENTICATA NEL TEMPO

Il Concilio di Nicea nella sua frenesia censurante ha dissolto una considerevole parte del patrimonio documentale cristiano. Accettando unicamente i vangeli sinottici, *ispirati al vero*, come testi sacri e considerando apocrifi tutti gli altri documenti, anche se il termine apocrifo non significa eretico ma *segreto rivelatore di verità nascoste*. Tutto l'antico bacino del Mediterraneo ha ricevuto notevole influenza dagli scritti apocrifi, in particolare il Corano tratta temi evangelici in gran parte provenienti dal loro insegnamento. Complessivamente si conta la stesura di una cinquantina di vangeli, non potremo mai sapere quanti altri sono andati distrutti o giacciano sepolti negli archivi vaticani.

L'ostracismo della chiesa romana nasce da S. Paolo, già ferocemente critico nei confronti dei sinottici di Luca e Giovanni e strenuo difensore dell'assoluta innocenza di Roma verso il martirio di Cristo. Da rilevare come Paolo, oltre a non conoscere personalmente Gesù ed essersi convertito al cristianesimo circa quarant'anni dopo la crocefissione, fosse accanito persecutore dei primi cristiani. Molti studiosi concordano nell'affermare che la sua conversione fosse solo una strategia dei romani per inserire un credibile "agente segreto" all'interno dell'universo cristiano che stava prepotentemente prendendo forza.

Per comprendere almeno in parte l'enorme importanza degli apocrifi è necessario analizzarne individualmente, almeno in parte e solo di alcuni, i contenuti che più sono stati chiaramente ripresi nei sinottici con un sospetto abbandono successivo del testo.

Nel *Protovangelo di Giacomo* fratello di Gesù, il più antico di tutti gli scritti neotestamentari, troviamo l'angelo annunciare a Maria la concezione di Cristo con le parole *Ave o piena di grazia, il Signore è con te. Benedetta tu fra le donne e benedetto il frutto del ventre tuo*, che diventeranno la preghiera mariana per eccellenza. Questo apocrifo scritto in greco antico è datato attorno al 140 ma nulla impedisce di considerarlo, al pari di tutti gli altri, trascritto riprendendo altri documenti antecedenti poi scomparsi nel tempo. Sono accettati dalla tradizione cristiana anche numerosi eventi storici relativi alla vita di Maria e dei suoi genitori Anna e Gioacchino.

Il Vangelo di Pietro, attribuito all'apostolo di Gesù, risale al 150 per alcuni studiosi mentre altri lo portano più indietro nel tempo, attorno all'anno 70. E' essenzialmente il racconto della Passione di Cristo, dal giudizio di Pilato alla crocefissione e morte con conseguente sepoltura e resurrezione. Racconto molto fedele alla tradizione, di particolare troviamo più volte ripetuta la frase attribuita a diversi personaggi *non tramonti il sole sotto il corpo di un ucciso* come codice della legge. Come abbiamo visto cosa non vera, un crocefisso veniva lasciato a corvi ed avvoltoi. I particolari della crocefissione sono molto precisi, ricalcano perfettamente i rilievi storici con i quali veniva effettivamente realizzata. Si parla anche dell'ordine di non spezzare le gambe di Cristo sulla croce, contrariamente a ciò che si può pensare un atto di pietà perché permetteva la morte prematura del condannato attraverso la rapido stagnare del sangue dovuta alla postura del corpo. Questo però riconduce alla teoria della falsa crocefissione, in quanto Cristo, *posto sulla croce all'alba spirò prima del tramonto.* In realtà il supplizio della croce senza l'artificio della spezzatura delle gambe teneva in vita il condannato anche fino a tre giorni, tale trattamento era riservato a chi si voleva far morire fra i tormenti. Il vangelo di Pietro consegna poi ai sacerdoti la consapevolezza che Cristo fosse davvero figlio di Dio, dopo il terremoto e altri eventi accaduti mentre si consumava la sua fine. *Se alla sua morte sono avvenuti segni così grandi, vedete quanto egli era giusto! La nostra fine e quella di Gerusalemme è vicina* pronunciano Scribi ed Anziani riuniti nel Sinedrio.

Anche i romani di guardia al Sepolcro secondo Pietro entrano nel miracolo della resurrezione, infatti vedono due giovani di bell'aspetto arrivare e la pesante pietra rotolare da sola aprendo la tomba. Spaventati corrono da Pilato raccontando l'accaduto, veramente colui era davvero *Figlio di Dio, grande castigo ci aspetta*. Pilato risponde con la frase che sembra un esorcismo della paura *io sono puro dal sangue del figlio di Dio, siete voi che avete deciso così*.

Il *Vangelo di Bartolomeo* ha inizialmente una valenza esoterica a carattere numerologico. Molti suoi assunti sono difficilmente comprensibili se non pensandoli a codici segreti destinati ad iniziati. Sembra anche confermare il sentimento di Simone Pietro verso Maria Maddalena, vista come rivale per l'eredità spirituale di Cristo. E Bartolomeo apparentemente appoggia la candidatura di Pietro, assegnando a Cristo le parole: "*Sediamoci per terra. Tu Pietro che sei il capo siedi alla mia destra e poni la tua mano sinistra sotto il mio braccio.*" Bartolomeo parla di una specie di "resa dei conti" fra Pietro e Maddalena avvenuta sul monte degli Ulivi, con la resa incondizionata della donna. Il dialogo fra i due inizia con Pietro: "*piena di grazia supplica il signore che ci riveli il futuro dei cieli*" che sembra tastare il terreno per scoprire quanto Cristo veda la Maddalena come erede.

La risposta della Maddalena è apparentemente ironica quanto rivelatrice del pensiero che Bartolomeo assegna a Cristo: "*Pietra scavata dalla roccia, non ha forse egli promesso di edificare su di te la sua Chiesa?*"

Un lusingato Pietro risponde: "*O tu che pronunci parole come tabernacolo aperto!*"

Ed è allora che Maddalena pronuncia la sua resa ammettendo anche l'inferiorità femminile, non tanto per convinzione quanto per tranquillizzare il fragile Pietro: "*Tu sei l'immagine di Adamo, non è forse stato formato prima lui e poi Eva? Guarda il sole immagine di Adamo, supera gli altri astri. Guarda la luna ripiena di fango, a causa della trasgressione di Eva.*"

Pietro concede allora l'onore delle armi: "*Sei tu Maria che hai annientato la trasgressione di Eva, trasformandola da vergogna in gioia.*"

Il seguito del vangelo ha carattere esoterico ancora più marcato e

Bartolomeo sembra quasi ritagliarsi un ruolo esorcistico su incarico del Maestro che lo pone davanti a satana e gli rivela tutta la gerarchia angelica. Secondo la tradizione ebraica il solo pronunciare il nome degli angeli era potente esorcismo capace di cacciare i demoni.

Il *Vangelo di Gamaliele* apre le sue pagine con la dura condanna di Maria Vergine a Simone Pietro per aver tre volte rinnegato Cristo. Giovanni il Minore ne appoggia il risentimento ripetendo le parole pronunciate da Pietro durante l'Ultima Cena, in risposta alla previsione di Cristo sul suo tradimento *"Lungi da te, mio Signore e Dio! Non ti rinnegherò in eterno, per me sarebbe meglio morire piuttosto! Non ti accada mai niente di simile! Da parte mia, sacrificherò a te la mia vita"*.

Da ancora più forza alla condanna di Maria riportando anche la riposta di Cristo a Pietro *"Indietro, Satana! Tu hai destato il mio risentimento non avendo tenuto conto di ciò che è di Dio ma solo di ciò che è degli uomini"*.

Esiste poi nel vangelo una parte importante dove Pilato e la moglie *vengono accreditati di profondo amore e rispetto per Gesù.* Apparentemente sembra seguire la linea dei sinottici per liberare i romani dalla colpa, ma appare diverso l'intento del Governatore della Giudea che fa flagellare Cristo esclusivamente con il fine politico di non inimicarsi il Sinedrio Pilato appare convinto che il popolo si ribellerà ai sacerdoti strappandolo al martirio, consegnandoli a tutti gli effetti il trono spirituale di Giudea e trovando quindi un futuro alleato. La flagellazione era una punizione necessaria perché secondo i sacerdoti Cristo aveva offeso la legge operando guarigioni durante il sabato sacro, ma Gamaliele insiste sul fatto che *Pilato avrebbe preferito finire lui sulla croce insieme alla famiglia piuttosto che levare la mano su Cristo.* Emerge quindi la figura di un Pilato piuttosto sciocco, abbindolato dall'astuzia dei sacerdoti, cosa che non riempie di prestigio il potere romano. Poco conta la reazione successiva, quando Pilato scoperto l'inganno attacca i Sommi Sacerdoti, Caifa e Anna, arrivando a minacciarli di decapitazione se ancora fossero entrati nel Tempio. Ancora una volta umiliato dai sacerdoti che contando sull'appoggio di Erode rispondono: *"Chi sei tu per dire questo? Quale tra i governatori che ti hanno preceduto fin dai primissimi tempi ha mai proibito al sommo sacerdote l'ingresso nel tempio?"*.

Anche la resurrezione di Cristo dipinge Pilato come un fragile governatore senza alcun rispetto da parte dei suoi stessi soldati, che si accordano segretamente con gli ebrei per informarli nel caso Cristo fosse effettivamente risorto come nelle profezie. Cosa che puntualmente accade e permette ai nemici di Cristo di diffondere le loro minacce di morte su chiunque avesse osato parlare della sua resurrezione.

Sulla stesso tema il *Vangelo di Nicodemo*, esponente del Sinedrio favorevole a Gesù. Questo scritto è una vera e proprio resoconto dei motivi politici alla base del suo martirio. Contiene la trascrizione di verbali di interrogatori, testimonianze, rafforza la tesi di un Pilato ingannato e distrutto dal dolore, riporta momenti della vita di Gesù vagamente gnostici. E' la condanna vista dall'interno del Palazzo, con tutte le le costruzioni politiche che solo un "addetto ai lavori" può cogliere. Va aggiunto a questo vangelo il papiro copto *Memorie di Nicodemo,* documento comprovante l'accorata difesa di Cristo condotta dal sacerdote dissidente e tutte le indagini seguite per produrne l'innocenza. Riportati anche innumerevoli tentativi di Pilato e della moglie per salvarlo. Entrambi sono estremamente rigorosi e politicamente corretti, la sensazione è che l'autore sia un letterato o un legislatore chiaramente antisemita che su precisi fondamenti storici abbia costruito un'interessante trama. Certamente rivela o si avvicina notevolmente alla verità storico-politica, ma appare più un'ottima ricostruzione che un reale scritto evangelico.

Molti altri documenti riportano la vita di Cristo interpretata su diverse chiavi di lettura e rappresentano un'interessante approfondimento storico, politico e religioso. Oltre a quelli brevemente presentati vanno ricordati la Narrazione di Giuseppe d'Arimatea, il Vangelo Esseno della Pace, il Vangelo dell'Infanzia, il Codice di Harundel, la Storia di Giuseppe il Falegname, il Papiro di Bodmer, il Codice di Hereford, la Natività di Maria e Gesù, la Dormizione di Maria, il Vangelo dello Pseudo Matteo e molti altri. Documenti spesso molto corposi impossibili da condensare in poche righe, non hanno un preciso valore gnostico e come detto molti sembrano più testi elaborati da *iniziati o validi autori con profonde conoscenze letterarie.*

Altro l'impatto gnostico nei testi recuperati durante gli scavi di Nag Hammadi e di Qumran, oltre che in cripte ad Achmin ed Ossirinco (i due attribuiti alla Maddalena) o giunti attraverso innumerevoli passaggi di mano (Giuda Iscariota). Questi sono i documenti comunemente definiti come *Vangeli Gnostici.*

Del *Vangelo di S. Tommaso, definito il Quinto Vangelo,* si è dettagliatamente parlato, uguale importanza rivestono il *Vangelo di Filippo,* il *Vangelo della Verità,* il *Vangelo di Giuda Iscariota* e il *Vangelo di Maria Maddalena.*

Il Vangelo di Filippo appartiene alla vera e propria biblioteca gnostica in lingua copta recuperata a Nag Hammadi in Egitto nel 1945 e rappresenta l'ideale continuazione del testo di Tommaso. Il testo espresso in centoventisette motti e versetti può essere attribuito direttamente al pensiero valentiniano o ad una sua forte influenza ideologica. La collocazione storica risale al attorno al 90 d.C. in contemporaneità quindi con la stesura dei vangeli sinottici, con i quali presenta solo rarissime affinità neotestamentarie. Va però rilevato come in Giovanni e nelle Lettere di Paolo esistano chiari indizi di una trascrizione dei versetti di Fillippo utilizzati differentemente, un adattamento che ricorda la *manipolazione documentale avvenuta durante il Concilio di Nicea.* Al pari di Tommaso, Filippo riveste una straordinaria importanza nella conoscenza del pensiero gnostico occultato dalla chiesa romana e nella riconduzione ad un pensiero cristiano molto diverso da quello ufficiale. La parte iniziale del documento indica chiaramente come la rivelazione della Parola abbia subito un intervento depistatorio e falsi profeti se ne siano appropriati.

"Un Ebreo crea un Ebreo, e questo è chiamato proselito. Ma un proselito non crea un proselito. Coloro che sono nella Verità creano altri portatori di Verità mentre agli altri e sufficiente entrare nell'esistenza e mistificarla."

"Quando noi eravamo Ebrei ci chiamavamo orfani e avevamo soltanto nostra madre. Ma da quando siamo divenuti Cristiani abbiamo acquistato un padre e una madre."

Dirompenti e durissimi atto d'accusa verso i falsi profeti appaiono i versetti:

"Se qualcuno scende nell'acqua e ne esce fuori senza aver ricevuto nulla e dice io sono cristiano egli si è appropriato del nome. Solo se riceve lo Spirito Santo ha il dono del nome. Chi ha avuto il dono non ne è più privato ma a chi se ne è appropriato viene tolto."

"I nomi che vengono dati alle cose terrestri racchiudono un grande inganno, perché distolgono i cuori da concetti che sono autentici verso concetti che non sono autentici. Chi sente la parola Dio pronunciata da falsi profeti non intende ciò che è autentico, ma intende ciò che non è autentico. Così pure per Padre e Figlio e Spirito Santo. Per Vita, Luce, Resurrezione e Chiesa e tutti gli altri nomi non s'intende ciò che è autentico, ma s'intende ciò che non è autentico. A meno che non si sia venuti a conoscenza di ciò che è autentico, questi nomi sono nel mondo per ingannare. Se essi fossero nell'eone, non sarebbero nominati ogni giorno nel mondo e non sarebbero mescolati tra le cose terrestri. Essi hanno la loro fine nell'eone.."

Le parole di quest'ultimo sono formidabile esempio di insegnamento gnostico, riportano alla creazione demiurgica del mondo quando *la Luce si mescola alle cose terrestri* e di come qualsiasi cosa venga intesa attraverso la materia è falsa e perversa, *chi sente la parola Dio non intende ciò che è vero.*

Depistante dalla Verità, esistente *solo per ingannare.*

L'Eone, lo Spirito, deve necessariamente possedere la conoscenza prima di avvicinarsi compiutamente a Dio e quando questo accade *non esiste il bisogno di pronunciare ogni giorno il suo nome mescolato a cose della terra*.

E' un versetto che da solo spiega l'ostracismo che la chiesa ha sempre dimostrato verso Filippo, ancor più che su Tommaso. Ancora oggi non sono moltissimi coloro che conoscono l'esistenza o hanno approfondito la lettura di un testo ignobilmente oscurato, quando non reso invisibile alla massa di fede cristiana.

Proseguendo la lettura si incontrano versetti capaci di demolire qualsiasi dogma della chiesa, alcuni quasi feroci nella loro espressione di condanna verso l'inganno perpetrato ed esplosivamente diretti allo gnosticismo.

"Taluni hanno detto che Maria ha concepito dallo Spirito Santo. Essi sono in errore. Essi non sanno quello che dicono. Quando mai una donna ha concepito da una donna? E il Signore non avrebbe detto Mio Padre che è nei Cieli se non avesse avuto un altro padre, ma avrebbe semplicemente detto Mio Padre."

"Coloro che dicono che il Signore prima è morto e poi è resuscitato sbagliano, perché egli prima è resuscitato e poi è morto. Se uno non consegue prima la resurrezione non morirà, perché come è vero che Dio vive egli sarà già morto."

In poche espressioni Filippo demolisce totalmente due dogmi definiti come essenza del cristianesimo, *Immacolata Concezione* e *Resurrezione*. Logicamente inattaccabile la frase *avrebbe detto solamente Mio Padre e non Padre Celeste* che indica la presenza di un padre terreno come partecipe della generazione umana di Cristo. Maria diventa quindi per la chiesa una donna che genera se stessa utilizzando come chiave di lettura la *Partenogenesi* presente in alcune specie animali. L'inversione fra morte e resurrezione di Cristo appare inutile ricordare come rappresenti il compimento gnostico della Morte Mistica e conseguente raggiungimento della Salvezza.

La domanda è perché la chiesa a queste affermazioni non abbia opposto precise ragioni teologiche, preferendo obnubilare i due concetti quando non bollarli di eresia in ragione di improbabili dogmi stabiliti.

Un versetto riguardante il cammino terreno di Gesù:

"Lui era chiamato Gesù Nazareno Cristo. L'ultimo nome è Cristo, il primo è Gesù, quello in mezzo Nazareno."

Sottintende un uomo *Gesù* che attraverso il percorso gnostico *Nazareno* raggiunge la Perfezione *Cristo* ritornando al Padre Celeste.

Grande profondità cristologica e gnostica è racchiusa nelle parole:

"Mio Dio, mio Dio! Perché o Signore mi hai abbandonato? Egli ha detto queste parole sulla croce perché la morte ha separato dal Luogo la sua anima, generata dallo Spirito Santo per opera di Dio. Il Signore si è levato dai morti ed è divenuto come era prima. Ma il suo corpo era perfetto, possedeva la carne ma era una carne autentica. Mentre la nostra carne non è autentica, noi ne possediamo solo una sfocata immagine."

La morte fisica di un essere perfetto ne rappresenta la liberazione spirituale, la scomparsa dell'illusione del corpo creata dal demiurgo. Nel momento del distacco la carne riprende il suo concepimento materiale con l'abbandono di qualsiasi riferimento divino, la *Memoria della Luce* contenuta nell'anima trasmigrata nello Spirito, in attesa del completo dissolvimento.

Potente affermazione della gnosi come unica via percorribile verso la Salvezza è rappresentata da:

"La Madre è la Verità, la gnosi è il Padre. Coloro a cui non è permesso di peccare il mondo li chiama liberi. A coloro a cui non è permesso di peccare la conoscenza della verità eleva i cuori, cioè li rende liberi e li solleva al di sopra di tutto il luogo. Ma l'amore costruisce, colui che è diventato libero grazie alla gnosi diventa schiavo di coloro che non si sono ancora potuti elevare fino alla libertà della gnosi. Perché solo la gnosi li rende capaci di diventare liberi. L'amore non prende nulla perché ogni cosa già

*gli appartiene. Esso non dice questo è mio o quello è mio ma ma
questo e quello sono tuoi"*.

Oltre a indicare la gnosi *emanazione stessa del Padre* quasi
dogmaticamente, cosa che non trova alcun riscontro in altri
vangeli, e' anche un chiaro invito alla fratellanza che la
predicazione degli eletti deve permettere. *L'amore costruisce la
libertà di chi ancora è schiavo* anche attraverso il sacrificio
sull'esempio di Cristo *diventato schiavo di coloro che ancora
erano prigionieri della materia*.

In conclusione, il Vangelo di Filippo possiede un potente valore
comunicativo sapienziale. Rappresenta la consacrazione della
gnosi come percorso divino, indica nei falsi profeti e nella
perversa interpretazione della Parola i custodi malvagi della
dottrina demiurgica, porta Cristo in un immaginario dove
l'umanità del corpo si trasforma nella Salvezza Eterna e ne indica
Maria Maddalena come *consorte fedele nel seguirne i passi*.

Un documento che ogni cristiano e non solo dovrebbe leggere,
approfondire e meditare.

Il Vangelo di Giuda Iscariota risale attorno al 150-160, è la
descrizione della vita al seguito di Gesù del tredicesimo apostolo
traditore del Maestro. Molte righe sono andate perdute, spesso
togliendo capacità interpretativa al testo. L'autore presenta i tratti
di Giuda come di un fedele e onesto tesoriere il cui destino è
segnato dalla necessaria metempsicosi per il compimento della
missione di Cristo. Nell'apocrifo *Narrazione di Giuseppe
d'Arimatea* si indica Giuda come nipote del Sommo Sacerdote
Caifa, gettando più di un sospetto su come si trattasse in realtà di
una spia infiltrata dal Sinedrio nella comunità di Gesù.
Storicamente Giuda viene considerato affiliato o strettamente
simpatizzante degli Zeloti, gruppo che oggi definiremmo
"terroristico". Fedeli osservanti della legge ebraica gli Zeloti, o
Sicarii, conducevano lotta armata contro la dominazione romana
per restituire libertà politica agli Ebrei e restaurare il Regno di
Israele con Dio unico riferimento possibile.

Il Vangelo di Giuda esordisce con un dialogo fra Gesù e i suoi discepoli intenti ad offrire una preghiera di ringraziamento in occasione della vicina Pasqua ebraica. Gesù si avvicina e sembra ridere di loro, provocandone il risentimento: *"Maestro, perché ridi della nostra preghiera di ringraziamento? Facciamo ciò che è giusto"*. Gesù risponde: *"Non rido di voi. Voi non state facendo questo per vostra volontà, ma perché attraverso la preghiera onorate il vostro dio"*.

Gesù non si riferisce al Dio di Luce ma al signore del mondo materiale, il Rex Mundi.

I discepoli si indispettiscono ancora di più e Gesù domanda loro: *"Perché siete spronati alla rabbia? Il vostro dio che è dentro di voi si è fatto rabbioso nelle vostre anime. Lasciate uscire l'uomo perfetto e guardatemi negli occhi"*.

Con queste parole Gesù lancia ai discepoli un vero richiamo gnostico, chiedendo loro di liberare l'anima dal corpo *per guardarlo negli occhi* attraverso la persona perfetta ancora rinchiusa e depositaria della vera sapienza. Da rilevare come questo passaggio presenti similitudine anche nell'insegnamento ermetico e nello stesso Kybalion, *nessuno può udire la voce del Maestro se prima le sue orecchie non sono state aperte.*

Nel testo sono presenti alcune parti incensanti Giuda come solo apostolo degno di ricevere gli insegnamenti segreti delle parabole, *allontanati dagli altri e ti rivelerò i misteri del Regno.*

Questo assunto conferma molte tesi secondo le quali Giuda fra gli apostoli era il più evoluto, *scelto per la missione di compimento del percorso di Cristo.* Certamente aveva superiori qualità culturali ed intellettuali, nominato tesoriere quindi capace di scrivere e far di conto. In questo documento appare anche spiritualmente il più avanzato fra i discepoli, il depositario della sapienza esoterica. Molti sono i dialoghi privati che intercorrono fra Gesù e Giuda, gli altri discepoli sembrano più comprimari nel rapporto fra un Maestro ed un Iniziato Avanzato capace di entrare nel Mistero e nel Segreto, al punto di ottenere la visione mistica di *dodici discepoli che lo prendono a sassate e lo tormentano duramente* rivelatrice del suo destino.

Gesù conferma l'esattezza della visione: *"Tuo compito è partecipare alla missione divina provocando il sacrificio della mia morte, tu scelto per guidare devi fare in modo che si concluda la mia vita terrena. L'odio su di te riservato è il prezzo del giungere a compimento"*

Appare molto chiaro come Giuda, sul quale Gesù ha riversato ogni conoscenza segreta, vada incontro ad un martirio del tutto simile a quello di Gesù, almeno spiritualmente. Di questo martirio è cosciente e lo accetta come ineluttabile. Il sacrificio è elemento essenziale dello gnosticismo, in assenza del quale nulla può compiersi. Gesù lo compensa anticipatamente ammettendolo a *segreti che nessuno ha mai visto su una realtà grande e sconfinata la cui estensione è ignota a tutta la generazione degli angeli. Nessun pensiero del cuore l'ha mai compresa e non è mai stata chiamata per nome.*

La chiave rivelatrice di tutto il vangelo è nel versetto:

"Tu li supererai tutti, perché sacrificherai l'uomo che mi riveste".

E' la precisa richiesta di Gesù diretta a Giuda di consegnarlo e sacrificarlo. Le ragioni diventano sempre più chiaramente gnostiche. La vita di Gesù è solo illusoriamente umana, lui è una figura eterna parte del Dio della Luce. Le vesti e l'aspetto sono unicamente fenomeno transitorio, la gabbia comune a tutti gli uomini attraverso la quale trasmettere l'insegnamento di Salvezza a chi può coglierlo.

Giuda quindi non tradisce Gesù, *ma ne compie la volontà.*

Tutto si conclude con il martirio, nel documento non esiste alcun riferimento anche parziale alla crocefissione e morte, come alla resurrezione. Nel vangelo di Giuda non avviene perché ciò che davvero conta è che il corpo muore mentre lo Spirito continua a vivere in eterno. Dipende dal grado di elevazione spirituale se inserito nel ciclo della reincarnazione o sublimato con Dio.

Anche nel vangelo di Giuda esiste preciso riferimento ai falsi profeti, Gesù mette in guardia i discepoli da coloro che *fanno uso vergognoso del mio nome piantando alberi senza frutto alcuno e verranno giudicati dal Signore nell'ultimo giorno del mondo."*

L'importanza del documento risiede comunque nel rapporto privilegiato fra il Giuda considerato perverso traditore per denaro e Gesù, che lo considera invece il solo capace di portare il peso di qualcosa che rappresenta il compimento della missione salvifica. Come detto purtroppo molti parti del vangelo di Giuda Iscariota sono incomplete e mancanti, merita comunque la stessa attenzione riservata a Tommaso e Filippo per la sua alta capacità di comunicazione gnostica.

Il Vangelo della Verità è un altro dei testi gnostici per eccellenza. Fa parte dei manoscritti ritrovati a Qumran nel 1947, meglio è la traduzione integrale in copto del documento originale in lingua greca andato perduto e citato dal vescovo Ireneo. Probabile la sua contemporaneità con il Vangelo di Giovanni datato attorno al secondo secolo dopo Cristo e molto forte la sua caratterizzazione gnostica valentiniana. Alcuni studiosi ne attribuiscono la stesura allo stesso Valentino dopo la sua esclusione a possibile Vescovo di Roma. Fonda sull'insegnamento segreto impartito da Gesù a pochi iniziati, principalmente Tommaso e Maria Maddalena.

Apparentemente dispersivo, difficile assegnargli un filo logico, poggia su lunghi versetti spesso sotto forma di pseudo parabola. Durante la lettura la mente divaga, un effetto simile a quello che si prova davanti al Kybalion, risulta difficile "entrare" nel testo e ancora più difficile focalizzarvi l'attenzione. Quasi impossibile trovare un sequenzialità fra i quarantatre enunciati che appaiono più come *indicatori di una via diversa,* l'obbligatoria ricerca in essi di qualcosa di codificato, misterioso, indirizzato ad iniziati capaci di comprendere. Una specie di *porta verso un passaggio segreto* da dove transitare per raggiungere qualcosa di misterioso, dopo aver necessariamente unito gli enunciati in un solo corpo dottrinante. Esoterico senza essere esoterico, filosofico senza essere filosofico, l'impressione è di trovarsi davanti a qualcosa dove con immensa fatica si possano trovare numerosi chiavi che debbano poi essere fuse per ottenerne un'unica chiave iniziatica.

Solo a pochi versetti si può dare una più semplice interpretazione: *"Questa è la perfezione che procede dalla Mente del Padre e quelle sono le parole della sua meditazione. Ciascuna delle sue parole è espressione della sua indeclinabile volontà, nella rivelazione del Logos uscito fuori per primo, quando la Mente parlante fu detta il pensiero. Era qui, infatti, il luogo dove esse esistevano prima ancora fossero compiutamente manifestate."*

"È accaduto dunque che egli è proceduto per primo nel momento che è piaciuto alla volontà di chi l'ha voluto. Ora, la volontà è ciò in cui il Padre si riposa e di cui si compiace. Nulla può succedere senza di Lui e nessuna cosa accade senza la volontà del Padre. Essa però è inconoscibile, segreta. La volontà è l'orma di Lui, ma nessuno può conoscerla né è possibile alla gente stare in agguato per afferrarla. Ma ciò che vuole è nel momento che lo vuole, anche se il suo mostrarsi non è affatto di loro gradimento. La volontà è unicamente in Dio."

"Il Padre conosce così l'inizio di tutti loro, come la loro fine. Quando questa giungerà li interrogherà su quello che hanno fatto. Ora la fine consiste nel prendere conoscenza di chi è nascosto. E questi è il Padre, Colui dal quale è uscito l'inizio e al quale ritorneranno tutti quelli che sono usciti da Lui, perché essi sono stati manifestati per la gloria e la gioia del suo nome."

Nei brani presentati, come in altre parti del testo, si può individuare un concetto tendente a presentare la gnosi come la stessa Parola del Padre, tramite indispensabile per raggiungere la sua conoscenza. Lo strumento attraverso il quale la volontà divina si rivela, o meglio permette una possibile conoscenza della stessa, altrimenti *inconoscibile, segreta*. Il raggiungimento avviene esclusivamente attraverso il consenso del Padre, rendendo vano qualsiasi tentativo affidato a entità e mezzi a lui estranei. Padre che di tutti conosce inizio e fine e per tutti ha un preciso progetto il cui fine deve essere scoperto attraverso la gnosi e potrebbe *anche non avere il gradimento dell'uomo.*

Questo ci riporta al compimento del sacrificio di Cristo attraverso Giuda, certamente non gradito dall'apostolo traditore.

La realizzazione del piano divino è quindi il rientro nello spazio celeste di tutti gli eoni emanati per *gioia e gloria del suo nome* e successivamente ingannati dalla materia. Ogni eone ha in questa dimensione umana un preciso compito assegnato da inserire nel progetto di salvezza del mondo.

Il Vangelo di Maria Maddalena è un testo gnostico ancora oggi ferocemente respinto e denigrato dalla chiesa romana, in quanto pone in grande risalto la figura della discepola di Gesù nella sua vita terrena concedendole una posizione superiore a Simone Pietro e a tutti gli altri apostoli. Il documento datato attorno al terzo secolo dopo Cristo è stato ritrovato in due copie, una in copto ed una in greco antico, entrambe in Egitto ad Achmin e ad Ossirinco. Buona parte è andata perduta e solo nel 1955, superando diverse difficoltà, è stato pubblicato per la prima volta. Centrale nell'esposizione del testo è il confronto anche duro fra la Maddalena e Pietro, che non intende concedere ad una donna la possibilità di insegnare la parola di Gesù, ed è questo il punto fondamentale sul quale riversare l'attenzione.

La secolare questione tesa a dimostrare o meno il matrimonio fra Maddalena e Gesù appare più un secondario approccio, ispiratore di infiniti lavori letterari e cinematografici. Un nuovo abilissimo depistaggio. Il celibato dei sacerdoti imposto dalla chiesa romana al suo sacerdozio *non è un atto di rispetto verso la scelta di Gesù* ma unicamente *il necessario stato civile degli appartenenti all'organismo cattolico per ereditarne tutto il patrimonio senza problemi legali.* Va aggiunto che gli ebrei consideravano il matrimonio fondamentale per un Rabbi, il compiuto sviluppo di un uomo dedito a insegnamento e predicazione. Difficilmente un Maestro celibe avrebbe avuto ascolto e prestigio, inoltre i suoi detrattori avrebbero potuto facilmente accusarlo di adulterio e libertinaggio. Se a questo aggiungiamo lo scandalo che in quel tempo avrebbe generato una donna al seguito di un gruppo di uomini, tutto riconduce ad un probabile matrimonio fra Gesù e Maddalena. Peraltro più volte ampiamente ricordato, quando non precisamente descritto, nei vari testi gnostici e nelle nozze di Cana del sinottico Giovanni.

Il vero esplosivo evento *capace di mutare radicalmente la storia del cristianesimo* è la posizione della Maddalena nella gerarchia spirituale di Gesù e il suo livello iniziatico. Se davvero la discepola era la reale depositaria dell'eredità cristiana, investita da Cristo per la costituzione della sua Chiesa, tutto il successivo realizzarsi di eventi millenari *appare figlio di una colossale montatura.* Orchestrata dal Rex Mundi o semplicemente nata dall'invidia degli apostoli verso una semplice donna è anche questo elemento quasi secondario. Sia da un punto di vista esoterico sia terreno, in qualunque modo si voglia intendere l'accaduto la sostanza è che *ha trascinato la missione di Cristo in un pantano dove elementi estranei alla sua Parola hanno potuto agire indisturbati per manipolarla a loro vantaggio.*

Inibire le donne al sacerdozio, vincolare gli Ordini femminili ad un'obbedienza nel tempo umiliante e vessatoria ed ancora oggi molto stretta è il continuum della prevaricazione subita da Maria Maddalena. Conferma Celeste di tale ostracismo sembra essere la storia delle apparizione mariane più conosciute, Lourdes e Fatima. Maria Vergine consegna il suo messaggio a due giovani pastorelle, Bernardette de Soubiros e Lucia dos Santos. A Fatima assistono all'apparizione anche Jacinta Marto e suo fratello Francisco, ed in questo possiamo trovare un altro messaggio. Il bambino non ha ancora raggiunto la pubertà, *come abbiamo visto confine fra la purezza e l'inizio della corruzione carnale* e la sua vita si spegnerà molto presto come annunciato da Maria a Lucia, *sarà il primo a raggiungermi in Cielo nella santità.* Bernardette e Lucia trascorrono un'esistenza seguente molto simile, relegate in monasteri e spesso osteggiate dalle stesse consorelle. Bernardette è fatta oggetto della loro invidia quando non odio, solamente in punto di morte riceve consolazione alle sue sofferenze fisiche. Lucia obbligata al silenzio viene rinchiusa in un bozzolo clericale, praticamente non avrà alcun contatto all'esterno se non con esponenti della chiesa.

Come la Maddalena è la prima e unica a trovarsi dinanzi al Cristo compiuto, così alle due pastorelle viene donato il contatto con il Cielo. Come la Maddalena, subiranno persecuzioni e le loro tracce verranno coperte.

Tornando al Vangelo è importante notare come la Maddalena quasi immediatamente assuma carattere di capo carismatico degli apostoli, appaia in possesso di conoscenze superiori e cerchi di "consolare" i compagni per la preferenza di Cristo a lei concessa.

Pietro stesso conferma la sua superiore iniziazione:

"Sorella, noi sappiamo che il Salvatore ti amava più delle altre donne. Comunicaci le parole del Salvatore che tu ricordi, quelle che tu conosci ma non noi, quelle che noi non abbiamo neppure udito".

Maddalena risponde con tono consolatorio e rassicurante, tipico di un leader verso i suoi seguaci in crisi

"Non piangete, non siate malinconici e neppure indecisi. La sua grazia sarà per intero con voi e vi proteggerà. Quello che a voi è nascosto, io ve lo comunicherò."

Il profondo legame fra Cristo e Maddalena viene più volte affermato, alla donna viene attribuito il dono della visione mistica. Proprio allo stupore di Maddalena davanti al manifestarsi di questo potere, Gesù risponde:

"Beata, tu che non hai vacillato alla mia vista. La visione non passa attraverso l'anima né attraverso lo spirito ma è la mente comune fra noi a concederti di vedere."

L'astio di Pietro diventa un tentativo di sobillare gli apostoli per assicurarsi il loro sostegno:

"Il Maestro forse ha parlato realmente in segreto e non apertamente a una donna, senza che noi lo sapessimo? Ci

dobbiamo ricredere tutti e ascoltare lei? Forse egli l'ha anteposta a noi?".

La risposta assegnata a Matteo fa fallire miseramente il proposito di Pietro ed indica come non venisse in alcun modo riconosciuto un suo carisma:

"Tu sei sempre irruente, Pietro! Ora io vedo che ti scagli contro la donna come fanno gli avversari. Se il Salvatore l'ha resa degna, chi sei tu che la respingi? Non v'è dubbio, il Salvatore la conosce bene. Per questo amava lei più di noi."

Molto femminile e sottile il successivo intervento della Maddalena. Può essere inteso come un abile stratagemma che finisce per rendere ancora più sterile il tentativo di Pietro.

"Maria allora pianse e disse a Pietro fratello mio, che cosa credi dunque? Credi tu che io l'abbia inventato in cuor mio o che io menta riguardo al Salvatore? ".

Carattere estremamente esoterico assume il documento nella parte riguardante la visione dell'anima che si distacca dal corpo e sale in alto, dove contempla i Misteri Celesti e raggiunge la consapevolezza dell'inganno della carne. Ritorna il numero sette, come abbiamo visto molte volte simbolico nell'universo mistico cristiano e non cristiano, indicato attraverso *le sette potenze dell'ira.*

L'anima distaccata dal corpo vagante nel Regno dei Cieli è la stessa Maria Maddalena, che come promesso rivela agli apostoli alcuni dei segreti ricevuti da Cristo e le sette fasi della sua iniziazione, trasformati sinotticamente in *sette demoni usciti dal suo corpo.*

Maria dice infatti: *"Ciò che mi lega è stato ucciso, ciò che mi circonda è stato messo da parte, la mia bramosia è annientata e la mia ignoranza è morta. Sono stata sciolta da un mondo in un Mondo, dal transitorio all'eterno. D'ora in poi io raggiungerò in silenzio il riposo del tempo, del momento, dell'Eone".*

Andrea, davanti alle rivelazioni, avanza dubbi sulle parole di Maddalena e assegna alla donna un presunto tentativo demoniaco di allontanare gli apostoli dal vero insegnamento:

"Dite che cosa pensate di quanto ella ha detto. Io non credo che il Salvatore abbia detto ciò. Queste dottrine infatti sono sicuramente insegnamenti diversi".

Nonostante la successiva difesa di Matteo, il dubbio appare far presa sulla credulità dei discepoli che *si alzano da terra e si accingono alla predicazione della vera parola.*

Questo paragrafo conclude il vangelo, quasi ad indicare una definitiva "messa da parte" della Maddalena, il *rifiutarne l'insegnamento iniziatico.*

L'intervento di Cristo *farò di lei uomo attraverso lo spirito affinché sia degna di voi,* che abbiamo già visto, sarà quindi conferma di una *messa sotto protezione della Maddalena consegnandole attributi spirituali maschili.*

Inutile porre l'accento sulla grandissima importanza gnostica del documento, il più osteggiato dalla chiesa. Quasi sempre nel commercio editoriale odierno si trovano edizioni riportanti non la trascrizione del testo integrale ma la loro trasposizione in versetti.

Purtroppo il documento ritrovato, che conteneva anche altri apocrifi come il Vangelo di Giovanni, la Sophia di Cristo e gli Atti di Pietro era danneggiato proprio nella sua parte iniziale riportante il testo della Maddalena. Mentre tutto il resto si trovava in buone condizioni. In totale si conta la mancanza di dieci pagine, le prime sei ed altre quattro al centro.

Le teorie complottistiche assegnano a questo una volontà precisa, così come una leggenda vuole le parti *misteriosamente scomparse subito dopo il ritrovamento.* Ovviamente tutto questo sembra esagerato, anche se possibile appare un intervento umano per un occultamento parziale. Alcuni studiosi si dichiarano certi negli archivi vaticani venga accuratamente conservata una copia integra del documento, cosa mai confermata né smentita dalla chiesa in ossequio all'ordinaria prassi di ignorare qualsiasi cosa possa metterla in difficoltà. Di certo il testo del Vangelo dal tempo di Ireneo ad oggi ha subito e subisce pesanti attacchi ideologici, gli si attribuisce un valore eretico assoluto legato come detto alla presunta supremazia della Maddalena sugli apostoli, quindi sulla *successiva espressione dogmatica della chiesa romana.* La possibilità che una donna avesse ricevuto le redini del cristianesimo doveva essere immediatamente sradicata, sgretolata, dipingendola come meretrice o dirigendo l'attenzione verso una *direzione depistante e spiritualmente priva di identità come quella della spasmodica ricerca di una possibile unione carnale fra Gesù e la sua discepola.* Viene da chiedersi come sarebbe stata la storia cristiana con Maddalena alla sua guida. Come, anche se con effetti molto meno dirompenti, fosse salito al trono pontificio lo gnostico Valentino. Tutti i vangeli, tutti i documenti che abbiamo passato in rassegna posseggono importanti valori spirituali e storici passati al setaccio della chiesa o resi invisibili attraverso sagaci azioni manipolatorie. Eppure, quasi misteriosamente, continuano ad esistere nel percorso del mondo. In essi si può trovare una semplice lettura alternativa senza fondamento alcuno, un insegnamento spirituale e gnostico, una riserva di storia o di spiritualità. In ogni caso, dipendente esclusivamente dal Libero Arbitrio, la loro anche semplice conoscenza non può essere esclusa in tutti gli esseri umani che si pongano domande esistenziali e filosofiche. Socrate attraverso la sue *dissertazioni sui contrari* comuni ad Eraclito dimostrava con semplicità ai suoi discepoli l'immortalità dell'anima e il continuo legame fra gli effetti cosmici e terreni opposti fra loro. La gnosi con la stessa semplicità porta ad identico risultato. La sola barriera da abbattere *è la disponibilità ad ascoltare,* senza la quale Socrate sarebbe stato indicato come un vecchio pazzo logorroico e la gnosi trasformata in una favola raccontata da qualche anziano davanti al camino, durante il lungo inverno. Al cuore dell'uomo spetta cercare la strada della Verità.

IN VIAGGIO OLTRE IL CRISTIANESIMO

Considerare il cristianesimo, meglio il cattolicesimo, come unica espressione di fede possibile è oggettivamente inaccettabile. Il porre a dogma assoluto il concetto di *una chiesa sola depositaria della salvezza eterna dell'uomo* rappresenta la vera eresia e un profondo oltraggio a confessioni millenarie seguite da milioni e milioni di fedeli. Nessuna parola pronunciata da Cristo riserva potere salvifico a qualcuno in particolare, *andate nel mondo a portare a tutti il mio verbo.* Non ha mai detto *convertite in mio nome* ma *guardate a ogni uomo come ad un fratello, amatelo senza distinzione alcuna.* Appare evidente come solo una volontà di potere materiale assoluto possa determinare un indirizzo volto esclusivamente al *totale controllo spirituale.* Come questo sia accaduto e accada, come venga considerato nella coscienza collettiva del popolo cristiano una dogmatica certezza è obiettivamente misterioso, nonostante le innumerevoli e inoppugnabili prove storiche sulle atrocità commesse dalla chiesa romana e su come abbia ferocemente represso qualsiasi libero pensiero ad essa contrario. Non esiste alcuna fede che nel nome del suo Dio abbia commesso tali terrificanti stragi, anche le guerre islamiche del passato fondavano su una ricerca di espansione territoriale condannabile *ma non riconducibile alla stretta volontà di conquista spirituale,* quando non ad una reazione militare *verso il tentativo di appropriarsi del loro simbolismo mistico.* Solo ai nostri giorni si assiste ad un assalto islamico all'occidente nel nome di Allah, ma sulle ragioni di perché questo davvero accada accorrerebbe un nuovo lavoro interamente dedicato.

La chiesa romana ha sistematicamente distrutto nei secoli ogni sapere esoterico legato alle differenti religioni, rendendole agli occhi del mondo cristiano sterili espressioni di una diversa fede, nate essenzialmente dalla tradizione popolare. Tutti i segreti legati alla tradizione egizia e greca sono andati così irrimediabilmente perduti, ne restano poche tracce riportate a titolo indicativo sui libri di storia o sopravvivono nelle ricerche di qualche tenace studioso. La chiesa romana ha sistematicamente bloccato ogni sviluppo relativo alla conoscenza di fedi alternative delle quali non poteva distruggere fisicamente la documentazione, comunque tentata attraverso le Crociate, demonizzandone i contenuti, manipolandoli e purificandoli attraverso la Santa Inquisizione. Non inganni l'apparente libertà con la quale nel mondo di oggi possono essere reperiti documenti e testimonianze. La totale massificazione delle coscienze e la concreta fossilizzazione dell'uomo nel concetto della materia *Avere per Essere,* permette quasi esclusivamente una visione documentale legata alla curiosità o diretta ad un'applicazione scolastica capace di dare sollievo alla propria inquietudine esistenziale. In alcuni diventa ricerca della chiave di un esoterismo perverso capace di dare potere e ricchezza, le sette sataniche proliferanti ne sono il chiaro esempio. Conoscere le fedi diverse dal cristianesimo è fondamentale per la comprensione del pensiero gnostico. Innumerevoli sono i punti di contatto, abbiamo già visto come il mito di Mitra e del Sole presentino profonda vicinanza di tradizione e costruzione storico-leggendaria.

Vediamo quindi anche se succintamente le diverse religioni e i loro punti comuni con il cristianesimo e la gnosi:

L'*Islamismo* unitamente al cristianesimo e all'ebraismo fa parte delle *religioni del Libro,* il cui fondamento sono un libro sacro e il monoteismo. Libro sacro dell'Islam è il *Corano,* la bibbia cristiana, *Allah* è il termine arabo che definisce Dio.

Il suo fondatore, meglio definirlo profeta investito da Allah, è *Muhammad,* (colui che è lodato) vissuto a La Mecca tra il 570 e il 632 dopo Cristo. E' il Maometto che conosciamo storicamente. A lui l'Arcangelo Gabriele, in una sorta di Annunciazione, rivela la volontà divina di farne interprete e divulgatore della Luce. Maometto non è quindi Dio ma l'uomo che ne porta la Parola, definire "maomettani" i musulmani è profondamente offensivo, la loro venerazione è diretta ad Allah. La storia di Maometto ha molte similitudini con il percorso di Cristo, possiamo dire si tratti della stessa storia trasferita su un piano esistenziale più materiale. Maometto dopo la rivelazione inizia a predicare fra i beduini in un periodo storico dove il mondo arabo era diviso nell'adorazione di molte divinità e diversi culti. Ottiene grande seguito dal popolo che vede nell'unico Dio predicato *la promessa di un riscatto dalla sua miserabile condizione* mentre viene immediatamente *inviso alla classe sociale abbiente e ai predicatori politeisti che vedono minacciati i loro privilegi.* Inizia verso di lui una persecuzione che lo costringe ad abbandonare La Mecca per rifugiarsi a Medina, è il 622 anno che segna la nascita del calendario islamico e il compimento di Maometto come predicatore guerriero.

Forse proprio questa sua caratteristica di combattente porterà i Templari, seicento anni dopo, *al rispetto e studio dell'islamismo fino ad essere accusati di eresia.*

Maometto vince due importanti battaglie a Badr e Uhud, quindi riconquista La Mecca senza spargimento di sangue. Comincia l'espansione dell'islamismo che non si ferma con la morte di Maometto avvenuta nel 632. Al profeta succede il califfo *Abu-Bakr* che guida il mondo arabo unito dalla fede monoteistica alla conquista militare di India, Indonesia, nord Africa e Spagna minacciando di invadere il continente europeo.

Islam proviene da *Al-islam* che significa sottomissione a Dio, la sua particolarità risiede nel Credo coranico che riunisce tutti gli aspetti dell'esistenza umana legando indissolubilmente fra loro la religione *Din*, il sistema di governo *Dawla* e la vita quotidiana, *Dyanà.* Proprio questo unica volontà operativa ha permesso ai detrattori dell'islamismo di bollarlo come *fanatica espressione dove Allah è ispiratore di violenza e costrizione.* Se questo può senza dubbio essere individuato in suoi esponenti anche capi religiosi, non rappresenta in alcun modo la dottrina coranica. Basti pensare che nel mondo islamico è obbligatorio per legge concedere l'elemosina a chiunque la richieda per comprendere come il Corano indirizzi a fratellanza e sostegno reciproco. La stessa famigerata *Shariah,* oggi estremizzata come legge crudele ed estremamente punitiva è semplicemente la volontà di Dio trasferita in pratica di vita, *Sunna,* così come predicato da Maometto. Le regole di vita che ciascun musulmano deve seguire. Anche la *Jihad,* la guerra santa, ha significato completamente diverso dal comune sentire. Il Corano, nei suoi centoquattordici capitoli, *Sure,* per complessivi 6236 versetti *chiama a combattere contro i nemici di Allah* ma vieta qualsiasi tipo di aggressione e violenza. *Non esiste nel Corano alcun riferimento ad un attacco militare o terroristico contro gli infedeli,* la Jihad è in effetti la prima regola dell'integralismo islamico diretta alla conversione e al sottomettersi ad Allah.

L'interpretazione diretta ad uno scopo distruttivo dei nemici è una assoluta storpiatura, propugnata da chi immerso in un fanatismo religioso perverso o per *motivi politici personali o indotti da altri* la trasforma in volontà di guerra. Il crescente odio verso l'Islam e il conseguente radicalizzarsi dei musulmani dell'idea di *infedele come figlio di satana nemico di Allah* ha quindi origine da false interpretazioni abilmente presentate come dogmi coranici. Il fanatismo, come nel nostro non lontano passato legato al nazismo, nasce dal *bombardamento mediatico su presunti nemici facendo leva su paure così indotte e condizioni sociali del momento storico.* Una *guerra di religione ideologica* creata a scopi puramente politici da abili seminatori si traduce inevitabilmente in una sua parte *portata avanti da una componente fanatica o psicologicamente instabile* che diventa a sua volta humus per radicalizzarne la teoria. Il Corano è chiarissimo, non esiste nessun riferimento alla violenza. La Bibbia cristiana presenta aspetti decisamente molto più pesanti. Tutto ciò che attualmente accade diventa inquietante se si associa al percorso ciclico della storia, che periodicamente ripresenta le condizioni sociali e culturali adatte per il suo ripresentarsi. Il radicamento attuale di movimenti xenofobi di forte pressione politica può tranquillamente associarsi all'inizio del nazismo che certo non era, nella visione e intenzione del popolo tedesco, uno spietato regime dittatoriale da seguire e nutrire. Come detto, analizzare compiutamente questa situazione sarebbe possibile solo attraverso un lavoro interamente dedicato.

L'Islam è essenzialmente una *religione sociale a carattere integralista*. Importante riportare integralmente i suoi articoli di fede per permettere un confronto con il cristianesimo e i suoi libri sacri.

- Esiste Allah unico creatore clemente e misericordioso, invocato attraverso novantanove nome mistici ripetuti nel corso della preghiera, sgranando un rosario.

- Esistono gli angeli creature di Luce emanate da Allah. *Gibral* (Gabriele), *Mikail* (Michele), *Israfil* (Serafim) sono i più conosciuti. Esistono nello spazio anche i demoni, Ginn e Shaitan, entità spirituali malvagie condizionanti la vita umana.

- Obbligo di venerare i Libri Sacri. Considerati come provenienti da Allah anche la Torah ebraica, i Salmi e il Vangelo mentre solo il Corano contiene il testo integrale della parola di Allah.

- Obbligo di credere nella missione profetica di Maometto e nei messaggeri di Allah inviati prima di lui, tra i quali principalmente Adamo, Noè, Abramo, Mosè, Salomone, Ismaele, Isacco, Giacobbe, Davide, Gesù.

- Esiste una vita dopo la morte e un Giorno del Giudizio dove ogni uomo riceverà il premio del Paradiso o il Castigo dell'Inferno.

- Tutto ciò che accade nel bene e nel male è predestinato e conosciuto e voluto da Dio, senza che ciò escluda Libero Arbitrio e responsabilità umana.

Non penso sia possibile estrapolare in questi precetti qualcosa di diverso da quelli cristiani, se non attraverso malafede e manipolazione comunque difficile da realizzare. Si evince piuttosto un profondo rispetto verso i libri sacri di altre fedi e il considerare messaggeri di Dio-Allah profeti dell'Antico Testamento e lo stesso Gesù.

Non credo la chiesa romana veda con lo stesso rispetto l'ingresso di Maometto fra i profeti di Dio nello stesso modo di Cristo e il Corano eletto a sacralità. Centinaia di migliaia di roghi sono stati eretti dopo esternazioni molto meno pregnanti.

Molto forzata appare l'interpretazione dello studioso di islamistica Borrmans, per il quale i musulmani considerano cristiani ed ebrei *credenti devianti* e la Bibbia e la Torah *scritture alterate*.

Proprio questa chiave di lettura permette di trasformare la lotta spirituale *contro i nemici di Allah* nell'invito ad una guerra *armata contro gli infedeli.*

Come se Gesù pronunciando la frase *andate ad incendiare il mondo in mio nome* avesse nelle stesso tempo consegnato agli apostoli torce accese con le quali bruciare le case.

Tutto nella storia è soggetto ad interpretazione, come tale opinabile e spesso portatore di confusione mirata al *Dividi et Impera.* I Templari nella loro esoterica saggezza avevano perfettamente compreso tutto il potenziale spirituale e il valore culturale dell'islamismo.

L'*Ebraismo* è la prima religione monoteistica riconosciuta tale dalla storia. Viene anche definita *Giudaismo* in quanto i Giudei sono l'unica tribù rimasta fra le dodici che componevano il popolo di Israele, tutte le altre sono scomparse durante i 4000 anni di storia ebraica. La fede è possibile quasi esclusivamente attraverso *discendenza ereditaria*, ebreo è chi nasce da madre ebrea e tale rimane tutta la vita anche se non partecipa alle norme di vita tradizionali o abbraccia una diversa fede. In quest'ultimo caso sono i suoi discendenti a perdere l'appartenenza di diritto. Non considerando il proselitismo come possibilità di sviluppo dottrinale, l'adesione all'ebraismo è possibile solo attraverso un lungo e difficile percorso di conversione.

La nascita del popolo di Israele coincide con la liberazione dalla schiavitù in Egitto guidata da Mosè, al quale di conseguenza risale la stessa religione ebraica. Il patriarca biblico riceve dono della profezia da Dio sul monte Sinai e scrive il *Pentateuco,* i cinque libri che compongono la *Torah,* (insegnamento o libro della Legge) a sua volta parte costitutiva e integrante della *Tanakh,* la Bibbia Ebraica. Per l'Ebraismo *Yahweh* è il Dio supremo, assoluto e perfetto creatore dell'universo. A Lui ogni cosa deve essere riferita. Per esattezza il nome ebraico di Dio è racchiuso in un tetragramma, *YHWH,* in sostanza traducibile in *Iavè* considerato che nella lingua ebraica non sono presenti le vocali. A questa dicitura alcuni attribuiscono un significato esoterico, a loro dire confermato dal fatto che nessun ebreo può pronunciare il nome di Dio. Nelle preghiere viene adottato il termine *Adonai* che significa genericamente Signore.

Non è possibile per gli ebrei costruire , adorare o individuare alcuna immagine di Dio in natura, in obbedienza al Comandamento ricevuto da Mosè. Mentre il simbolismo è parte essenziale del loro credo. Anche qui l'esoterismo si affaccia attraverso il *Maghen David,* stella di Davide, che permette protezione e difesa e il Menorah, candelabro il cui numero di bracci, sette, ci riporta significati misterici già visti.

La vita umana è il superiore bene concesso da Dio agli uomini, manifestazione della sua sapienza infinita.

Il testo sacro principale come abbiamo visto è la Tanack, che comprende anche i ventiquattro scritti in lingua ebraica presenti nell'Antico Testamento. La prima parte è la Torah, immutabile insegnamento divino, seguita dai *Libri dei Profeti* e dagli *Scritti Sapienzali.* Altri libri sacri sono contenuti dalla cosiddetta Torah orale, la *Mishnà* trasmessa tradizionalmente a voce. Troviamo il *Talmud* che tratta questioni etiche e religiose, il Midrash autentico depositario dei vari eventi biblici e la *Cabalà.* Quest'ultimo documento racchiude la parte esoterica e mistica dell'ebraismo, il suo cuore segreto. La Cabalà contiene altri testi, lo *Zohar* (libro spendente) che commenta il Pentateuco di Mosè. Il *Sefer Ha*

Bahir (libro della luce splendente) e il Sefer Yetzirà (libro della formazione) sono criptici, condensati dell'iniziazione esoterica.

L'esoterismo ebraico ha radici antichissime, una sapienza tramandata nei millenni ed ancora oggi gelosamente custodita. Certamente ha successivamente influenzato dettami mistici di numerose altre culture, Salomone fra storia e leggenda si dice fosse possessore *di tutta la sapienza magica dell'universo.* A lui vengono attribuiti testi esoterici di altissimo livello sulla magia cerimoniale   capace di evocare le entità angeliche e infernali. Una parte del tesoro ritrovato dai templari con ogni probabilità conteneva documenti esoterici di straordinaria importanza ed ha permesso la stesura dei *Grimori,* testi magici medievali. Come il *Necronomicon,* considerato il più completo trattato di magia nera conosciuto. *La Chiave di Salomone,* erroneamente spesso attribuita allo stesso re ebraico, contiene formule e riti magici con il potere di asservire al mago demoni e angeli. Il *Grande Grimorio,* ispirato al precedente descrive i riti dell'evocazione diabolica, la classificazione gerarchica dei demoni e i riti di magia nera. Tutti i testi appaiono realizzati all'uso e consumo di satanisti e maghi neri, mentre certamente gli insegnamenti di Salomone presentavano la conoscenza del mondo delle tenebre come necessaria *per potersi difendere dai suoi attacchi.*

Come nelle dottrine eretiche e gnostiche, secondo l'ebraismo, *non c'è bisogno di nessun intermediario tra l'essere umano e Dio.* Una delle spiegazioni del nome Israel è infatti *Yashar El,* che significa diretti a Dio. Ogni individuo è creato a sua immagine e somiglianza, come tale può accedere al Divino attraverso la sua spiritualità. *Affidare ruolo intermediario ad altri, indicati come demiurghi, sia a statue o immagini, diventa un grave pericolo.*

L'Ebraismo non possiede nessuna struttura paragonabile a quella della chiesa cattolica, ogni comunità è autogestita, alla sua guida un solo rabbino che ha funzioni d'insegnamento e consiglio sul come eseguire i precetti. In comunità vaste con più rabbini viene eletto un rabbino capo che ha funzioni di coordinamento e celebra i matrimoni e controlla la *Kashrut*, cioè il cibo permesso. I rabbini sono semplicemente considerati tali in ragione della loro esperienza e saggezza, capaci di guidare gli altri in un'osservanza corretta della Legge.

Rigide nell'ebraismo sono le regole alimentari, molte quasi certamente indicate in ragione di fattori climatici. Come per i musulmani esiste divieto assoluto verso la carne di maiale. Il consumo animale è possibile solo se proveniente da vitelli e bovini macellati con rituali precisi e totalmente dissanguati. Non è permesso consumare carne e latticini nello stesso pranzo su precisa indicazione della Torah, *non cucinerai il capretto nel latte di sua madre*. Esistono molte altre regole precise su come procedere alla cucina, sulle necessarie preghiere di ringraziamento al cibo che può essere consumato solo se cotto.

Un errore comune verso l'ebraismo è considerarlo patriarcale e maschilista. Questo perché tradizionalmente le donne non vengono inserite nei gruppi di preghiera, non possono diventare rabbino, un tribunale religioso non accetta la loro testimonianza e molte altre apparentemente discriminatorie posizioni. Nella realtà gli insegnamenti concedono alla donna un naturale più elevato grado di spiritualità, riconosciuto in particolar modo nella Cabalà. Seguire alcuni precetti diventa fondamentale per l'uomo che cerca di elevarsi oltre la propria natura materiale, mentre la maggior sensibilità spirituale femminile li rende non necessari.

Pur diviso in quattro diverse correnti fondamentali *(ortodosso, riformato, conservatore, ricostruzionista)* e attraversato dalla corrente filosofica del sionismo l'ebraismo è un monolite saldamente ancorato ad antiche tradizioni e rispetto assoluto della Legge e dei Libri sacri. Profondamente diverso dalla chiesa cattolica, *non è un'istituzione ma una vera e propria stretta alleanza fra la fratellanza dei fedeli e l'entità divina.* Fortemente impregnato di misticismo esoterico, tra le confessioni monoteistiche appare come il più coerente esempio di unione fra spiritualità ed esistenza mortale.

Necessario uno sguardo anche ad altre religioni non monoteistiche in senso stretto ma ugualmente importanti e largamente seguite. Curiosamente possiamo trovare in loro molti punti di contatto spirituale con la gnosi e lo stesso cristianesimo: L'*Induismo* non è unicamente una religione ma una vera e propria realtà culturale estremante complessa diffusa in India. All'interno di questo contenitore si sono sviluppate diverse espressioni di fede che possiamo definire diverse vie verso la liberazione e il ricongiungimento divino. Non esistono riconosciuti padri fondatori dell'induismo, non è presente alcun riferimento dogmatico verso Dio, nessuna necessaria professione di fede o severo codice morale. Il culto *va seguito attraverso una fede personale corrispondente alla propria formazione spirituale.* Già da queste premessa è possibile comprendere la stretta vicinanza con lo gnosticismo e il percorso indicato dalla predicazione catara. Nell'induismo Dio è presente in ogni dove, tutto è sacro e in questa sacralità va ricercato. *Spezza un legno ed io ci sarò, solleva una pietra e mi troverai*, recita il Vangelo di S. Tommaso. La figura di Dio viene rappresentata in diversi modi a seconda della fede "satellite" seguita, anche se il concetto quasi totalmente accettato è quello di *Isvara*, Signore Supremo con il potere di creare, mantenere e distruggere l'universo. Come nella tradizione cristiana della Trinità dove Padre, Figlio e Spirito Santo sono diverse emanazione della stessa Luce così nell'induismo Isvara è la *Trimurti* da dove si emanano *Brahama, Shiva e Vishnu*. Brahama è il Padre, creatore del mondo e delle leggi che lo governano, eternamente presente. Shiva è colui che può rinnovare o anche distruggere l'esistenza umana. Possiamo accomunarlo allo Spirito Santo che attraverso la sua presenza rinnova il proprio mistero al termine della vita. Vishnu è il conservatore dell'universo, possiamo associarlo al Figlio. E' infatti entità che scende sulla terra per difenderla da gravi attacchi spirituali, assumendo aspetto mortale per riportare la volontà divina.

I riti induistici sono prettamente individuali, i più seguiti il *Samsara* e lo *Yoga*. Il primo, letteralmente *catena della vita*, comprende le cerimonie sacre che accompagnano tutta l'esistenza dell'individuo nei momenti di fondamentale importanza come nascita, matrimonio, scelta del tipo di culto, pellegrinaggi in luoghi sacri, morte.

Lo Yoga necessita un'analisi più dettagliata, per sgombrare il campo dai tanti equivoci ai quali è sottoposto. L'immaginario occidentale lo confina in un'insieme di posizioni del corpo di progressiva difficoltà attraverso le quali raggiungere uno stato di tranquillità e benessere, un toccasana alle inquietudini della società moderna. Una disciplina fisica attraverso la quale ottenere un maggior ordine mentale e capacità di concentrazione sui propri problemi. In effetti, questo dello Yoga è solo il primo step, anzi solo la necessaria preparazione ad affrontarlo. La dottrina, perché di questo si tratta, è un autentico percorso gnostico diviso in tre stadi chiamati *Dharana, Dhyana* e *Samadhi*.

Nel Dharana, che possiamo affinare allo Yoga praticato nelle tante scuole moderne, posizioni fisiche e concentrazione favoriscono il progressivo affievolirsi di ricordi spiacevoli, fobie, conflitti mentali ed altri malesseri che condizionano psicologicamente l'individuo. Questi effetti positivi hanno fatto dello Yoga strumento terapeutico di psicologi, non molti in verità, sostituendo o integrando i procedimenti psicoanalitici cari a Freud e Jung. Nel suo continuum porta capacità di concentrazione, risveglio della coscienza, immedesimazione in valori spirituali simile all'accettazione del bene, la consapevolezza di una presenza dell'anima primo passo della gnosi.

Il Dhyana è il flusso continuo di *Citta*, la struttura energetica dell'individuo, verso il punto di concentrazione. La mente non conosce distrazione e colloquia con se stessa fino a raggiungere gli strati più profondi dell'essere. E' il raggiunto punto di contatto con l'anima con il conseguente gnostico progressivo spogliarla del condizionamento corporale.

Il Samadhi è lo stadio precedente all'illuminazione, il *Nirvana*. Qui l'individuo oltrepassa la soglia iniziatica ed acquista piena conoscenza spirituale di se stesso, oltre qualsiasi blocco imposto dalla consistenza materiale. L'anima comunica liberamente la sua essenza e si appresta all'unione con lo Spirito.

Questa puntualizzazione sulle caratteristiche dello Yoga non è diretta tanto alla sua corretta interpretazione dottrinale per tutti di facile accesso e consultazione, quanto alla necessaria prudenza che deve porre chiunque si avvicini a questa disciplina. Posizioni e concentrazione lacerano comunque il tessuto del pensiero, dando il via ad affettivi cambiamenti della psiche che appaiono immediatamente benefici. Questi cambiamenti se non supportati da adeguata preparazione possono in seguito portare a gravi problemi, anche ad una manipolazione della coscienza da parte di individui estranei. E' il sistema seguito da numerosi presunti santoni che attraverso lo Yoga o pratiche similari creano assoluta dipendenza psicofisica in inconsapevoli adepti. Molte sette sono nate e prosperano proprio in questo modo. Se immaginiamo una bottiglia nella quale versiamo dell'acqua, quando sarà colma inevitabilmente traboccherà disperdendo il liquido. Perché questo non accada occorre fermare il flusso o sostituire la bottiglia con una vuota, sostituendo la precedente che avremo cura di riporre. Se non facciamo questo sia perderemo prezioso liquido sia non godremo di quello raccolto. Spostare l'attenzione dal necessario provvedimento da porre in essere unicamente verso il flusso dell'acqua rappresenta *il mezzo per disperdere la coscienza e assumerne il controllo*. Il sollievo causato dall'apertura della spiritualità si trasforma rapidamente in nuova prigione, le cui chiavi sono saldamente fra le mani del santone a cui il processo mentale dell'allievo assegna il ruolo di sorgente. Per questo motivo l'iniziazione Cristo alla Maddalena e in generale lo gnosticismo come l'ermetismo si esprimono in sette diverse fasi come abbiamo visto, dove l'attraversamento delle porte resta saldamente ancorato allo sviluppo spirituale dell'iniziato.

La presentazione dell'induismo non può esulare dal ricordo del suo esponente più noto, *Ghandi il Mahatma* (grande anima). Un uomo capace di dare il via alla liberazione del popolo indiano dal giogo dell'occupazione inglese con un processo non violento di liberazione della coscienza di massa paragonabile al disegno di Cristo.

Il *Buddhismo* è la seconda fede alla quale dedicare attenzione. Nasce in India nel IV secolo avanti Cristo, deve il suo nome al fondatore della dottrina., *Buddha* (l'illuminato). Costui era un ricchissimo principe, *Siddharta Gautama*, che travolto da una crisi spirituale e convinto da alcuni segni misteriosi abbandonò tutti gli agi e la giovane bellissima moglie per ritirarsi a vita monastica. Anche la permanenza fra i monaci indù non portò a Siddharta i benefici spirituali cercati, iniziò quindi un periodo di assoluto isolamento, sei anni trascorsi in povertà e totale privazione al termine dei quali ottenne l'illuminazione, il Nirvana che rende liberi da ogni desiderio materiale. Nasce il Buddhismo, più che una religione a sé stante una via alla salvezza eterna capace di spezzare il ciclo della reincarnazione. Possibile principalmente attraverso la vita monastica e la ricerca interiore, obbedendo a precisi precetti morali. Naturale pensare come questa dottrina in chiave monastica sia la stessa dell'eresia catara e del pensiero esseno. Nel buddhismo non esiste un Dio trascendente ma il Nirvana viene raggiunto attraverso gli insegnamenti del Buddha e l'osservanza del *Dharma*, la legge morale e religiosa della comunità monacale. Il messaggio spirituale buddista si esprime attraverso quattro nobili verità: *tutta la vita è caratterizzata dal dolore, il dolore nasce dalla sete di piacere e dal desiderio insoddisfatto, il dolore può essere eliminato nella misura in cui si elimina il desiderio, la strada che porta alla cessazione del desiderio e del dolore la si trova seguendo il nobile ottuplice sentiero.* Questo ottuplice sentiero è rappresentato dal mantenere durante l'esistenza retta *fede, volontà, parola, azione, vita, sforzo, concentrazione, contemplazione o estasi.*

La meditazione profonda estraniandosi da tutto ciò che è materiale è lo strumento per percorrere il sentiero, da raggiungere attraverso tecniche anche diverse fra loro come quelle indicate dalla classica scuola *Zen*, l'inserimento di suoni chiamati *Mantra* (la sigla *Om* è parte iniziale di uno di essi), il rotolamento di cilindri metallici chiamati *Stupa* che riportano l'incisione di alcuni Mantra, particolari tipi di respirazione e molti altri sistemi che confermano quanto sia individuale la concezione del percorso meditativo. La forma di Buddhismo più conosciuta è il *Lamaismo Tibetano*, come abbiamo visto intesa dal nazismo come perfetta fonte dell'arianesimo. Il *Dalai Lama* (Oceanico Maestro) guida spirituale della dottrina è considerato reincarnazione terrena di Buddha, da non confondere con la reincarnazione comunemente intesa. Il lamaismo tibetano ha subito durissime persecuzioni dalla Cina, vere e proprie stragi di monaci perpetrate nel tempo.

Il *Confucianesimo* con Taoismo e Buddhismo è una delle tre forme religiose tollerate in Cina. La dottrina poggia sul *Li*, decoro ed ordine, rappresenta un insieme di valori politici, filosofici ed etici che il suo fondatore Confucio, attorno al 450 a.C. ha unito per regolamentare i reciproci rapporti sociali. Le sue parole *non fare ad altri ciò che non desideri sia fatto a te* saranno poi riprese dal cristianesimo quasi cinquecento anni dopo. Massima divinità è *T'ien,* il Cielo, potenza assoluta padrona del tempo. Esistono secondo Confucio presenze benefiche e malvagie, fondamentale il rispetto assoluto degli antenati.

Il *Taoismo* è una scuola filosofica cinese profondamente critica verso qualsiasi ortodossia religiosa. Come nello gnosticismo persegue una via individuale alla Salvezza incentrata sull'uomo in quanto creatura cosmica. Nasce da *Lao-Tzu,* archivista di Stato con poche notizie storiche accertate, contemporaneo di Confucio con il quale sembra abbia condiviso un periodo di vita.

Tao è principio eterno e assoluto, l'entità suprema nascosta alla conoscenza umana, allo stesso momento il Tutto e il Nulla. Rappresenta il perfetto equilibrio fra lo Yin femminile e lo Yang maschile, le due energie cosmiche dalle quali tutto deriva e seguirne l'insegnamento, *la via dell'acqua*, significa vivere in armonia con l'universo. Il taoista mettendo a tacere i sensi e le passioni, abbandonando ogni tipo di condizionamento sociale, politico e morali codificate raggiunge l'illuminazione che lo ricongiunge all'Eterno abbandonato al momento della nascita. Tutto perfettamente coerente con il percorso gnostico.

Esistono altre religioni, culti animistici o filosofie trascendentali che meriterebbero ampia attenzione, come lo Shintoismo giapponese e i riti tribali africani. Una strada interminabile che porta sempre in una sola direzione: il cattolicesimo è la sola fede dove l'intermediazione istituzionalizzata diventa dogma assoluto mentre qualsiasi altra spiritualità presenta tratti gnostici ben precisi. Alcune volte perfettamente sovrapponibili come nelle religioni filosofiche orientali. In nessuna confessione è possibile una manipolazione della tradizione per trasformarla in un falso percorso storico, non esiste alcun tipo di *gerarchia investita da Dio* se non nel fanatismo *più politico che religioso* di alcuni capi spirituali islamici. Alla chiesa cattolica possiamo assegnare un possibile paragone solo con la Cina oppressiva della libera spiritualità. Non nel concetto ideologico delle religioni presenti nel Paese asiatico quanto nella volontà dello Stato di controllarne gli aspetti.

Affrontare un viaggio conoscitivo della spiritualità religiosa fra storia e leggenda del cristianesimo, fra antichi documenti e resoconti di orrende persecuzioni, seguendo le profonde tracce dell'esoterismo nazista, di religioni e antiche filosofie occultate e disperse rappresenta il necessario percorso per giungere agli ultimi capitoli. Ed è anche un invito alla curiosità, la speranza che i pochi accenni presentati possano aprire una strada verso approfondimenti personali, alla liberazione dalla massificazione imperante e dai logotipi imposti da sempre dalla classe dominante politica e religiosa. E' un percorso certo lungo e difficile ma il solo possibile. *La Verità vi renderà liberi* è Parola di Cristo.

IL DONO INIZIATICO DELLA COSCIENZA GNOSTICA

Non esistono precisi riscontri all'esistenza o meno di Gesù Cristo ma l'influenza che ha esercitato nel mondo, in duemila anni di storia cristiana, è tale da considerarlo obbligatoriamente un reale personaggio storico. Credere veri i dogmi cattolici o totalmente differente la sua storia terrena è affidato al pensiero indipendente di ognuno di noi. Certo che la sua venuta ha davvero *incendiato il mondo,* con comunità fondate sui suoi insegnamenti d'amore e fratellanza e sorte immediatamente dopo la sua morte. Profondamente radicate pur se la feroce persecuzione romana ne decimava e terrorizzava gli adepti, pur se sofferenza e privazione ne erano compagni fedeli. Questo è accaduto perché il vero immenso dono portato da Gesù è stato *la speranza di una vita giusta e libera* per tutti i popoli oppressi. La speranza è acerrima nemica della morte spirituale, dell'abbandonarsi agli eventi così come accadono. Non è possibile ucciderla, si può solo controllarne gli effetti ma una volta sparsi i semi restano in eterno, in attesa di diventare pianta e dare frutto.

Il controllo degli effetti della speranza è stato compiutamente realizzato dal IV secolo dopo Cristo ad opera della chiesa cattolica romana, capace con ogni mezzo a disposizione di annientare la libertà spirituale confinandola in una prigione dogmatica che solo la manipolazione della coscienza di massa ha permesso esistere. Obiettivamente, attraversando la storia della chiesa con senso critico lontano dalla demonizzazione, non si trova alcuna reale corrispondenza con l'insegnamento di Cristo. Questo accade anche considerando totalmente falsi i documenti apocrifi che abbiamo conosciuto, anche rivestendo le teorie catare come prodotto di fanatismo e superstizione, anche sgombrando il campo da qualsiasi concezione non storicamente provata. Attraverso questo setaccio, le ipotesi che rimangono plausibili sono solo due. La prima che Cristo non sia mai esistito, ma rappresenti unicamente la personificazione dogmatica dello strumento attraverso il quale abilissimi potentati, in possesso di conoscenze antiche, hanno avidamente conseguito il controllo della spiritualità. La seconda che Cristo sia stato un uomo di diretta emanazione divina, giunto nel mondo per riconsegnare il percorso verso la salvezza. Le Chiavi della Conoscenza sottratte e nascoste dagli stessi potentati.

Credere ad un Cristo prodotto da una fantasia perversa consegna di fatto il mondo totalmente all'illusione del demiurgo, in quanto antitesi di un'Entità Suprema di Luce. Un Dio d'amore che non può non essere presente nell'universo infinito che si apre davanti a noi e il cui compiuto da millenni cerca risposte che mai troverà. Cristo diverrebbe quindi illusione prodotta dalle stesse illusioni del demiurgo, già interamente in possesso del mondo. Un gioco consegnato fra le mani dei suoi servi con il rischio concreto ne possano perdere il controllo. Così come i demoni-arconti persero il controllo del primo Adamo dopo l'intervento di Sophia.

Quindi Cristo è certamente esistito, emanazione del Dio di Luce e venuto per smascherare l'illusione del male. Essere perfetto confinato in un corpo mortale con la *coscienza di una condizione di prigionia carnale* necessaria al diretto colloquio di Dio con l'uomo e riportare nel mondo la conoscenza segreta della gnosi.

Le comunità cristiane fondate sul suo insegnamento vengono infatti in gran parte definite gnostiche e partono dall'assioma di una totale diversità tra il Dio descritto nell'Antico Testamento ed il Padre Celeste insegnato da Gesù. Un passo della Bibbia recita *"Io sono un Dio geloso, non esiste altro Dio fuori di me"*.

La teologia gnostica ha carattere di Mito, possiede la stessa struttura di una favola inserita nell'infinito spazio-tempo del cosmo. Ripercorrendo le tappe già affrontate, possiamo dire che per lo gnosticismo l'universo primordiale non ha alcuna realtà oggettiva. Il mondo materiale nasce dalla caduta degli eoni, spiriti luminosi emanati da Dio in una gerarchia nella quale Sophia *la sapienza* è l'ultimo atto, il più lontano dalla Luce Generatrice.

Sophia tenta la risalita ma questo tentativo provoca un immenso cataclisma, possiamo intenderlo come il Big Bang teorizzato dalla scienza come origine dell'universo. Precipita in basso e partorisce *Yaldaboath*, il demiurgo geloso, arrogante e vendicativo descritto nell'Antico Testamento che a sua volta emana i primi sette arconti. Yaldaboath non è cosciente del Regno Celeste sopra di lui, crea il mondo a sua immagine malvagia imprigionando Sophia nella materia. Il Mito continua con la creazione di Adamo come abbiamo già visto.

Il mondo creato da un dio inferiore è visto dallo gnostico come l'essenza del Male metafisico, all'interno della quale è straniero in terra straniera. Conoscere la Verità su quanto lo circonda conduce alla ricerca di Sophia, alla risalita nel Pleroma.

Tempo e spazio sono i parametri attraverso i quali la mente umana ordina le informazioni esterne. Nel Pleroma il tempo non esiste, tutto accade ovunque e in ogni istante, lo gnostico raggiunge la consapevolezza dell'inganno materiale che nasconde la verità. Stato molto simile all'Illuminazione induista e buddista.

Tutti gli individui posseggono la scintilla di Luce ma la maggioranza degli esseri umani, definiti *Ilici,* nasce si riproduce e muore senza raggiungerne la consapevolezza. Una minoranza, gli *Psichici,* è capaci di ragionamento spirituale e di intravedere la Verità in via teorica. Infine ci sono gli Gnostici o *Pneumatici,* capaci di giungere alla Verità Assoluta nel corso dell'esistenza.

Per questo lo gnostico sarà sempre duramente attaccato dalle potenze tenebrose, Gesù dice di gioire quando accade perché è *segno inequivocabile di vicinanza al Padre.*

La risalita verso il Pleroma passa da sette domini degli arconti e dal loro annientamento, anche qui precisa analogia con le dottrine orientali dei sette Chakra da attraversare progressivamente per giungere all'illuminazione. La conferma ulteriore che antichi segreti sono stati tramandati come *semi nascosti sotto diversi terreni.* Hans Jonas, filosofo tedesco riconosciuto uno dei maggiori studiosi contemporanei dello gnosticismo, afferma:

"L'Uomo Gnostico disprezza il Cosmo perché questo lo separa dalla sua aspirazione inattuabile di ricongiunzione con Dio. Il Demiurgo Maligno, creatore dell'Universo, ha precipitato l'uomo nel cosmo. La coscienza della separazione è la sensazione della mancanza del Divino, il sentimento di esule che il pneuma, lo spirito interiore di origine divina, marca drammaticamente e disperatamente la condizione umana. L'angoscia è il sentimento che risveglia l'interiorità umana. Quest'angoscia fonda la Gnosi, la conoscenza, sola cosa che può liberarlo dai legami cosmologici e fargli riscoprire la sua essenza. La Gnosi è lo strumento di battaglia, ciò che aiuta l'uomo a rompere i lacci che lo legano al mondo, a separarlo definitivamente dal Cosmo e in definitiva dalla sua stessa natura materiale, dal suo corpo imprigionante l'Io pneumatico, l'essenza spirituale. La Gnosi non rappacifica l'uomo col Cosmo, ma ne decreta la rottura".

Le differenze fra le varie comunità gnostiche sono numerose, come tutte le interpretazioni variabili a seconda del pregresso vissuto e pensato. Di particolare interesse gli *Ophiti* che ponevano particolare attenzione all'immagine del Serpente e all'evento biblico della Genesi. Il serpente come simbolo della conoscenza del Bene e del Male occultata dal demiurgo, anche qui troviamo preciso riferimento nelle filosofie orientali. Con particolare assonanza nello Yoga, dove *Kundalini è un serpente di energia, addormentato e avvolto sette volte su se stesso.* Il suo risveglio iniziatico lo porta ad attraversare i sette Chakra nel cammino verso l'illuminazione. Le linee fondamentali della visione gnostica in generale sono riscontrabili sia nei testi apocrifi sia nel pensiero di molti studiosi vissuti fra il primo e terzo secolo dopo Cristo.

Il vescovo *Marcione* scriveva che l'Antico Testamento doveva essere rigettato dai cristiani in quanto il dio in esso contenuto era in realtà il demiurgo feroce e vendicativo.

Il filosofo siriano *Cerinto* affermava che il mondo era stato creato da un malvagio Dio della Bibbia all'oscuro di tutto ciò al di sopra di lui completamente tutto ciò che era al disopra di lui e che Cristo era giunto per riportare agli uomini la conoscenza smarrita del Padre.

Uguale visione seguivano *Cardo*, pensatore del primo secolo, e *Carpocrate* filosofo alessandrino vissuto cento anni dopo. Quest'ultimo in un'ottica più anarchica predicava anche la rivolta contro le leggi di un mondo malvagio, ragione per cui l'uomo era libero di comportarsi come meglio credeva.

Più complesso il ragionamento di *Basilide*. Nella sua elaborazione in principio esisteva un primordiale *Non Essere* dal quale emanò *Nous,* la Mente a sua volta generatrice di *Logos*, la Ragione. Successivamente presero forma gli eoni *Phronesis* (la Prudenza), *Sophia* (la Sapienza) e *Dynamis* (la Forza). Vennero quindi gli Angeli divisi in trecentosessantacinque ordini gerarchici e l'ultimo di questi ordini, il più lontano dalla Luce, creò il mondo dominato da *Jahvè*, il più potente fra loro. Per liberare l'uomo Nous discesa sulla terra incarnata in Gesù Cristo.

Simon Mago non può essere propriamente considerato un pensatore gnostico. Il suo nome viene riportato negli Atti degli Apostoli, visse in Samaria attorno al 100 dopo Cristo. Proclamava di essere incarnazione del Vero Dio e la tradizione gli attribuisce poteri messianici. Sua compagna era una meretrice, *Elena di Tiro,* indicata da Simone come *Ennoia*, reincarnazione della prima emanazione della sua mente divina, a sua volta generatrice della dinastia angelica creatrice del mondo. Attaccata dagli stessi angeli invidiosi Ennoia era stata rinchiusa in un corpo umano e condannata alla metempsicosi eterna. Simon Mago si professava Dio stesso incarnato per liberarla. Fondò una setta esoterica, i *Simoniaci,* per combattere Javhè dio della Bibbia e i suoi arconti.

Saturnino produsse la sua predicazione ad Antiochia durante il II secolo d.C. conducendo vita ascetica e rinunciando a tutto ciò che era materiale. Riprendeva i concetti espressi da Cerinto, Cardo e Carpocrate ma teorizzando una *venuta di Cristo sulla terra solo apparente* per trasmettere i segreti della Salvezza che divenne un percorso filosofico a se stante, il *Docetismo*.

I diversi pensieri gnostici avevano quindi creato varie forme di scuole, sette religiose ed esoteriche come i già visti Ophiti (o Naaseni) e Valentiniani, gli Alessandrini, i Marconiti e molti altri. Punto comune a tutte intendere il demiurgo creatore e padrone del mondo e l'ineluttabile ricerca personale libera da dogmi precostituiti. Questo appare confermato anche da Paolo, pur controverso personaggio in odore di asservimento a Roma. Nella sua lettera agli Efesini scrive:

"La nostra lotta non è contro la carne ed il sangue ma contro i Principati e le Potestà. Contro i dominatori di questo mondo di tenebre".

Entrando nell'universo gnostico abbiamo già diversificato le due antitetiche interpretazioni. La Gnosi percorso di coniugazione spirituale con Dio come fonte di salvezza e la Goetia riportata sui Grimori medievali che, attraverso lo *spalancamento artificioso delle porte per mezzo di riti ed evocazioni,* può dare potere sul mondo materiale. Possiamo intendere la goetia come satanismo, strumento di sette massoniche, spiritistiche ed evocative, medium, chiaroveggenti e tutto il contenuto del mondo arcano magico. Se la gnosi è mezzo di *conoscenza appartenente unicamente all'Io spirituale dell'individuo,* il suo opposto *consegna l'operatore nelle mani di entità negative accorse all'evocazione.* Il presunto potenziale asservimento di queste entità al mago è pura illusione creata attraverso sataniche concessioni materiali. L'iniziazione goetica è tipica di molte sette massoniche moderne, in quanto concessa sulla base di *prestigio sociale, ricchezza, potere e comunanza di interessi materiali,*

Questa distinzione deve essere ben chiara prima di addentrarsi nel misterico mondo gnostico, come ben chiaro deve essere che *non esistono maestri in grado di insegnarne il percorso a chiunque lo richieda.* Cristo non impone ai discepoli l'accettazione di segreti, *ma ne cura lo sviluppo spirituale in attesa se siano o meno pronti a riceverli.* Da questa cautela del Messia nasce l'astio dei discepoli verso l'iniziazione di Maria Maddalena. Il Maestro gnostico, anche se il termine è improprio in quanto solo Cristo può così definirsi, non si presenta quanto tale ma sorregge e aiuta il percorso dell'iniziato. Possiamo paragonarlo al rabbino ebraico che non è il capo dei fedeli ma l'esempio dei precetti da seguire.

Il percorso gnostico può essere associato ad un viaggio intrapreso alla riconquista della propria Patria lontana, caduta nelle mani di dominatori stranieri. Lungo e difficile, anche una volta concluso *non garantisce in alcun modo la vittoria contro gli usurpatori,* può anzi essere premessa di schiavitù o morte. Non basta la volontà di raggiungere in fretta, occorre la forza necessaria a superare gli ostacoli del viaggio e la pazienza di attendere il momento propizio. Occorre sentirsi minatori alla ricerca dell'oro nascosto nella profondità della terra, scavare lunghe gallerie e puntellarle per evitarne il crollo. Non arrendersi davanti alla difficoltà, non esaltarsi se si trova a qualche pepita che potrebbe essere stata sistemata appositamente per indirizzare lo scavo lontano dal vero tesoro.

L'iniziato pneumatico, meglio *il chiamato all'iniziazione,* solitamente sente fin dai primi anni di vita una specie di richiamo mistico. Questo richiamo può essere l'avvertire in luoghi sacri una sensazione quasi fisica di gioia, provare il bisogno di immergersi spesso in una preghiera di tipo contemplativo, provare commozione davanti ai fenomeni della natura, provare per gli altri un istintivo amore della *stessa profondità di quello provato per i genitori,* alcune volte anche prevedere gli eventi qualche attimo prima che accadano, in una sorta di deja-vu anticipato. Avverte anche la presenza della negatività che gli provoca inquietudine, possibile la percepisca come una cappa fisica e soffocante attorno a lui. Porta in se una profonda curiosità e la sua mente è vivace, spesso dotata di abilità matematica e letteraria. Non possiede particolari doti carismatiche capaci di coinvolgere, anzi spesso non si lega ad amicizie profonde quando

139

addirittura non viene escluso dal gruppo. I suoi interessi sono prevalentemente la lettura e i giochi solitari, la sua stanza diventa un microcosmo dove racchiudere il tempo libero. Diretto verso la pubertà può attraversare una profonda crisi spirituale, una non accettazione dei primi impulsi sessuali e il rifugio nella fantasia diventa abituale. Dona di se stesso una parte femminile ed emana una dolcezza, assolutamente non dipendente da omosessualità latente o conclamata, capace di portarlo ad un particolare interesse da parte delle ragazze e l'astio invidioso dei ragazzi che sempre più tendono ad emarginarlo. E' il primo ostacolo che incontra sulla strada, cedere alla sessualità come elemento fisico o intenderla come naturale compimento di un legame sentimentale profondo. A questo punto la sua vita è a un bivio, dirigersi verso il suo senso tradizionale o affrontarla da un punto di vista più spirituale. Cosa questa che non impedisce l'altra, semplicemente *consegna la consapevolezza della transitorietà dell'esistenza,* impedendo alla materia di occupare totalmente lo spirito. Sia che diventi monaco od eremita, sia scelga una vita di matrimonio e procreazione, avrà comunque ben chiara la possibilità di avviare una profonda ricerca interiore. Potrà accadere o meno, ma sarà comunque una porta aperta verso la conoscenza.

Questo non rappresenta un identikit, solo un'indicazione di come un Pneumatico può entrare in contatto con la chiamata iniziatica. Presumibilmente migliaia e migliaia di gnostici non ne possiedono alcun punto o evento in comune e nessun Perfetto si riconoscerebbe in esso. L'iniziazione può nascere da un evento traumatico, da un esempio coinvolgente, da un dolore o una gioia intensamente provate, da molte altre occasioni.

Il cammino inizia varcando una soglia, primo passo di un'esplorazione di se stessi piena di ostacoli e potenti nemici. Tutto ciò che incontreremo è la condensazione di diverse millenarie esperienze, senza alcun presunto scopo "didattico" che sarebbe una mistificazione fra le mistificazioni. Non esistono né mai sono esistiti *corsi di gnosticismo,* come non esistono dispensatori di verità. Guardare con sospetto chiunque si investa di messianicità è la prima regola da seguire. Professarsi infallibile è la *prima caratteristica di chi è invece servo della fallibilità,* seguirne le orme trascina su una strada senza ritorno.

Gli stessi libri per un eventuale approfondimento vanno scelti con cura ed esclusivamente sotto forma cartacea, nell'universo informatico sono presenti autentiche trappole spirituali dove molti testi vengono alterati con abilità. Come insegnano gli ebrei, *solo mutare una virgola della Torah ne cambierebbe la Parola.*

Volutamente non viene indicato alcun testo iniziatico come possibile riferimento, ogni essere umano possiede la propria scintilla di Luce Divina ed è lei a guidare ogni passo. Passando la soglia ci si trova davanti ad una salita diretta ad un'alta montagna , tutto attorno la notte profonda spezzata da sette fuochi accesi lungo il percorso. Raggiungerli è impresa difficile e duramente osteggiata, ma una volta raggiunto il primo voltandoci vedremo il tratto percorso inondato di luce e proseguiremo verso il secondo. Sempre più duro raggiungere il successivo, sempre più la notte alle nostre spalle svanirà. Non venga preso questo come una visione comune, come fosse il trailer di un film. Non esistono percorsi uguali, identico è unicamente il premio finale.

L'invito quindi è all'assoluta prudenza, sia verso l'esterno sia verso noi stessi. Gli inganni possono essere risolti unicamente con l'umile approccio che Cristo ha portato fra gli uomini, lui Perfetto Maestro di Luce. Noi siamo solo apprendisti che faticosamente devono prima costruire gli attrezzi necessari al lavoro, provare più volte se essi funzionino, individuare il luogo dove porre le fondamenta e procurarci la materia prima per realizzarle. Quindi trasportare ogni cosa sul posto e iniziare il lavoro. Ogni passo va seguito con cura, attenzione e profondo rispetto.

La soglia è inaccessibile a chi non si procura le chiavi, la strada si ferma per chi non sa camminare nella notte profonda flagellato da feroci intemperie.

141

L'ANTICO E SEGRETO SENTIERO INIZIATICO

L'Iniziazione è qualcosa di molto intimo, essenza dell'anima che inizia un rapporto colloquiale con lo Spirito parte di Dio. Rappresenta il risveglio dell'*Io Interiore*, con il conseguente riaffermarsi dello consapevolezza dell'anima dimenticata. Possiamo considerarla una porta psichica, l'accesso ad una condizione di non percezione del corpo raggiunta attraverso la meditazione e la concentrazione su un determinato punto al di fuori di esso. Concentrazione che varia da individuo ad individuo, *dipende strettamente dal suo potenziale immaginifico*. Può essere la luce di una candela accesa in una stanza buia, uno spazio aperto e tranquillizzante (Gesù adolescente trascorreva lunghe ore in meditazione davanti al lago di Tiberiade), un suono ovattato ripetuto ciclicamente (associabile ai Mantra tibetani), il rumore dell'acqua che scorre e molto altro. Fissare l'attenzione sul punto di riferimento prescelto non è esercizio che immediatamente porti alla quiete mentale, molto spesso inizialmente pensieri di qualsiasi tipo interrompono il flusso. Possono anche essere profondamente negativi, portare agitazione come riflettersi nel corpo con movimenti o percezioni fisiche di diversa natura, Anche eccitazione sessuale, alcune sette considerano fondamentale per l'iniziazione la pratica della *Magia Sessuale*, giungere allo spasimo e trattenerlo senza disperdere il seme maschile o controllare il piacere dato dalla clitoride femminile. Questo è un tipo di lavoro che non ci appartiene, in presenza di questo possibile stato indotto da una distrazione mentale occorre fermare l'esercizio e riprenderlo cambiando punto di riferimento della concentrazione. Liberare il pensiero da qualsiasi *manipolazione depistante* è fondamentale e non viene ottenuto rapidamente. Come un'immensa lavagna deve essere cancellato con cura da preconcetti, esperienze, letture, qualsiasi cosa non appartenga allo spirito. Occorre raggiungere una totale identificazione con lo spazio circostante, la luce della candela posta come esempio. Questo esercizio crea le premesse per la penetrazione nel proprio Io. Le filosofie orientali, principalmente lo Yoga, sono percorribili come insegnamento di un processo corretto. Mentre sono assolutamente da evitare riti propiziatori classici della Goetia ed anche il solo pensiero di entità a cui chiedere sostegno. Quest'ultimo caso accade più spesso di quanto si possa credere, è molto sottile e quasi impercettibile. La luce della candela, il classico esempio che portiamo, può assumere infinite forme devianti trasformandosi in un *vero e pericoloso richiamo spiritico*. Il solo compagno che deve seguire ogni passo durante le prime sedute meditative è *Phronesis*, la prudenza.

Non siano intesi come eccessivi questi richiami alla cautela, sono invece fondamentali per ottenere le armi necessarie ad affrontare il primo nemico che si presenta davanti a noi, il *Guardiano della Soglia,* custode della porta davanti alla quale ci troviamo dopo il risultato ottenuto dalle sedute di meditazione. Il segnale preciso del passaggio successivo arriva da una raggiunta quiete durante la concentrazione, da un mutamento positivo nell'affrontare i problemi del mondo materiale, da un immediato transfert luce-individuo-luce durante la meditazione. La mente si è aperta, essa stessa viene inondata da una sensazione che potremmo definire *calore liquido.* Con pazienza e prudenza siamo arrivati davanti alla porta segreta che una volta spalancata ci porterà verso il nostro essere spirituale.

Il Guardiano della Soglia, sia intendendolo entità o difesa della psiche come teorizzato da Jung, è un custode che racchiude ogni nostro errore, peccato, fobia, complesso, angoscia segreta. La somma di qualsiasi nostra espressione negativa cosciente od incosciente che sia. Porta in sé traumi infantili, sofferenze dimenticate quando non occultate nel profondo, consegna il reale valore di peccato ad esperienze mascherate come necessarie o inevitabili. E' un potente nemico dal quale non ci si può nascondere, ma solo affrontarlo o fuggire interrompendo per sempre l'esperienza mistica. La sola possibilità che abbiamo, il

143

nostro scudo, è la *fede incrollabile in una totalità del nostro Ego puramente illusoria, quindi la somma energetica di quanto ha prodotto nella sua esistenza è pari a zero.* Significa accettare la nostra assoluta imperfezione e fallibilità, consapevoli del corpo fisico come *prigione spirituale a carattere transitorio.* Significa porre il bene a valore assoluto e come tale accettarlo, possiamo considerare questo come un *battesimo cosmico*, il primo *esorcismo liberatorio.* E' il perdono concesso a se stessi, il ritrovare la pace perduta sconvolta dai mille demoni dell'esistenza. E' la confessione ed accettazione della colpa, interiorizzarla come *essenziale per ritrovare il percorso divino e non come abile stratagemma per auto-giustificare l'impossibilità a raggiungerlo.*

Questa durissima battaglia si presenta tre volte, su diversi piani. La prima viene combattuta dall'Ego, emozionalmente. La seconda dall'Intelletto, sul piano del pensiero. La terza dalla Coscienza, attraverso la volontà decisionale.

Esotericamente, in caso di sconfitta la prova può essere condotta per tre volte in ogni piano. Qui incontriamo la prima devianza possibile, seguita da sette massoniche iniziatiche attraverso l'evocazione di entità a sostegno. *Non ci stanchiamo di ripetere che questo ha un altissimo costo spirituale.*

Una volta dissolto il Guardiano della Soglia nella sua trinità, si inizia il cammino gnostico vero e proprio, il *Sentiero Probatorio* come viene indicato in antichi testi.

Siamo giunti davanti alle *Prove dei Quattro Elementi,* quelle relative a *Fuoco, Terra, Acqua e Aria.*

Per le antichissime scuole iniziatiche queste prove erano destinate al corpo mortale, spesso provocandone la morte o gravi menomazioni. Consistevano ad esempio nel transito a piedi nudi su un lungo percorso di carboni ardenti (Fuoco). L'iniziato poteva essere sepolto in profonde caverne, senza alcun sostentamento anche per settimane (Terra.) Sospeso su spaventosi crepacci in balia delle intemperie (Aria) o immergendolo più volte in un corso d'acqua legato ad un masso dal quale doveva rapidamente liberarsi (Acqua). Prove così concepite rappresentavano per gli antichi il rafforzamento dell'individuo, necessario per affrontare i nemici sia spirituali sia materiali.

Anche nell'iniziazione massonica esoterica spesso la prova del fuoco è applicata nel mondo fisico. L'iniziato è provato nell'orgoglio attraverso umiliazioni, ingiurie, ingiustizie, soprusi. Lo si emargina in qualsiasi modo e se si ribella od offende fallisce la prova.

In chiave gnostica la *Prova del Fuoco* è il raggiungimento di uno stato emozionale solido e concreto, la comprensione anche qui della transitorietà di ogni passione umana. Rappresenta affrontare l'impostura con la stessa umiltà patrimonio di Cristo sulla terra. Cambia il rapporto fra l'iniziato e il mondo fisico, nella perfetta coscienza della sua illusorietà. Concede il potere di astrazione.

Nella prova della terra di concezione settaria l'iniziato affronta e deve superare la sua intolleranza ad ostacoli, ritardi, contrattempi, dolore fisico e psicologico suo e dei suoi cari.

Per la Gnosi la *Prova della Terra* è la sperimentazione della densità materiale verso l'Ego, la resistenza alle malattie e a tutto quando incide concretamente sul corpo materiale. L'affidarsi totalmente alla volontà del Padre Celeste può portare in dono la capacità di guarigione propria ed altrui attraverso l'energia psichica, il *Prana*.

Di fondamentale importanza gnostica la *Prova dell'Aria*, dove l'iniziato entra compiutamente nella spiritualità dominando ogni tipo di desiderio materiale ed è pronto ad abbandonare ogni cosa, anche la stessa famiglia, per seguire il percorso indicato da Cristo.

Non va preso alla lettera, non significa necessariamente farsi monaco o eremita, ma deve essere interiorizzato come *perverso inganno della materia capace di porsi a dominio dello spirito*. Concede il potere di dominare la materia.

Alcuni presunti santoni attraverso la prova dell'aria si appropriano di ogni tipo di bene dell'adepto. Sia materiale con la presa di possesso delle sue ricchezze sia sentimentale, consumando rapporti sessuali con mogli e figlie.

La *Prova dell'Acqua* è la dominazione dell'inconstanza davanti alle difficoltà imposte dal mondo materiale sul suo percorso spirituale. Un esempio la persecuzione subita dai primi cristiani come dai Catari e dagli eretici in generale. Abbandonare il percorso o renderlo altalenante pregiudica i passi successivi, resistere alla pressione rende concreta la presenza di Dynamis, la Forza.

Le quattro prove superate, cioè dopo averne interiorizzato i principi, concedono l'accesso ai *Misteri Minori* che consistono in vari gradi di purificazione e disciplina. Unitamente alla percezione intellettuale e spirituale sono gli elementi necessari all'iniziazione verso i *Misteri Maggiori*.

E' assolutamente necessario rilevare come questo stato avanzato di coscienza ci trasferisca verso una visione del mondo totalmente diversa dal sentire comune. Nessuna espressione materiale viene vissuta come necessaria alla sopportabilità dell'esistenza, viene a mancare qualsiasi parametro relativo ad Avere per Essere. Il confronto con il mondo diventa spirituale, quindi prettamente solitario. Questo è un aspetto che la prudenza di Phronesis, la forza di Dynamis e la sapienza di Sophia deve aiutarci ad affrontare. Il rischio concreto è di perdere il contatto con la realtà oggettiva, pensare a se stessi come santoni infallibili portatori di verità o affidare totalmente il proprio destino ad una presunta potenza spirituale. *Consegnarsi a Dio non significa affidargli le chiavi della nostra vita umana nel suo aspetto materiale o peggio personificarsi in lui.* Se otteniamo successo nel percorso, non dobbiamo trasformarlo in una impostura verso il materiale ma *viverlo umilmente come un semplice passo avanti nel percorso spirituale.* La vita prosegue con le sue necessità sia verso di noi sia verso la nostra famiglia, che vanno obbligate. Pochi iniziati entrano nell'ascetismo, probabilmente questo nel mondo odierno non ha alcuna possibilità di esistere come era nella sua concezione antica. Se è corretto porsi verso il mondo senza subirne alcun condizionamento materiale, profondamente sbagliato diventa porsi totalmente al di fuori di esso. *La vera battaglia è dentro noi stessi, non contro la materia del mondo.* Tutte le prove attraversate come le presenti e future *provengono dall'Essere Interno e devono essere vissute nell'Intimo.*

L'iniziazione esoterica ai Misteri attraversa vari gradi, variabili secondo le antiche tradizioni etniche di appartenenza. Cinque erano in Asia Minore, sette in Persia, dieci fra gli induisti, quattro per altri ancora. Nostro riferimento sarà la tradizione persiana in quanto legata al culto sacro di Mitra, come abbiamo visto sovrapponibile al cristianesimo. Dei sette gradi esoterici persiani il primo era *Corax*, il corvo, indicava il neofita nel quale la Luce della Conoscenza era ancora parziale e che doveva donare tutto il suo cuore all'insegnamento ricevuto. Il secondo *Crypius*, occulto, segnava l'accettazione dell'individuo come discepolo della tradizione esoterica. Il terzo *Miles*, soldato, con il quale dopo la purificazione si diventava servitori del Bene. Il quarto era *Leo*, leone, la prima coscienza dello Spirito ricevuta attraverso l'istruzione del processo. Quinto grado era *Perses*, persiano, etimologicamente "colui che si avvia sulla strada dello spirito", condizione nata dalla mente. *Heliodromus,* messaggero del Sole, era il sesto. Concedeva all'individuo il raggiungimento della Coscienza Cosmica, il contatto diretto con Dio. Il settimo ed ultimo grado era *Pater*, il Padre, presupponeva il raggiungimento dello stato iniziatico totale.

I primi tre gradi corrispondono ai Misteri Minori, che diventano quindi sia la totale comprensione dell'avvio al processo iniziatico sia l'approvazione del Maestro alla ricezione dei Segreti.

Entriamo quindi nei Segreti Maggiori, cioè nel concretizzarsi attraverso l'esperienza personale di tutto ciò abbiamo appreso dai Misteri Minori. Potremmo dire di essere davanti al passaggio fra teoria e pratica. Non abbiamo alternativa se non vivere, *arrivare alla Morte Mistica,* o morire, *restare confinati nella materia e nel ciclo della reincarnazione.* Questo significa esplorare ogni tratto della nostra componente divina e mortale, vincere la superbia evitando la trappola della propria identificazione nel divino e conservando l'anima nella sua integrità.

Nulla ancora è compiuto, meglio tutto deve ancora iniziare. A tal proposito è adatto ricordare le parole di Apuleio, pensandole come pronunciate dal nostro Intimo Essere a insegnamento diretto al nostro Mentale : *"Ascolta allora e credi, perché ciò che ti dico è vero. Ho attirato la notte ai confini della morte, sono arrivato alla soglia dell'Ade, sono rinato attraverso tutti gli elementi quindi sono ritornato in terra. Ho visto il sole brillare con splendore luminoso sui morti della notte, mi sono avvicinato agli dei di sopra e agli dei di sotto. Guarda, ti ho detto cose delle quali, sebbene tu le abbia udite, non puoi e devi sapere ancora niente."*

I Misteri Maggiori sono l'affermazione misterica che *nulla può essere compreso se non viene concretamente vissuto.*

Appartengono strettamente all'individuo, sono soggetti al Libero Arbitrio. I poteri di comunicazione spirituale ricevuti attraverso il raggiungimento di Leo, quarto gradino iniziatico, sono reali pur se ancora parziali. Permettono di ascendere per brevi tratti al mondo superiore come al mondo inferiore. Possono essere applicati sia seguendo il percorso di Amore al quale si è giurato fedeltà o abiurarlo dirigendoli nella direzione opposta. In quest'ultimo caso gli iniziati ricevono il "premio" alla loro fatica dai seguaci del demiurgo, direttamente proporzionale al loro potenziale esoterico. Un iniziato che possieda qualità carismatiche elevate verrà *totalmente spiritualmente posseduto* e *materialmente riccamente ricompensato,* in quanto certamente nel corso di tutte le sue vite terrene procurerà al demiurgo e agli arconti grandi quantità del nutrimento proveniente da dolore e sofferenza. Questo rappresenta la differenza fra satanismo e esoterismo mistico. Se vogliamo, ma è improprio, il confine fra magia bianca e magia nera.

Per l'Iniziato che prosegue sulla via della spiritualità divina si aprono altre due possibili, l'ultima durissima prova della gnosi. Ancora il Libero Arbitro lo porta davanti ad una via diretta al Nirvana, lo stato di beatitudine eterna e la liberazione dal ciclo della reincarnazione fondamento delle dottrine buddhiste e orientali. Oppure ad un nuovo difficile percorso verso un ritorno a Cristo e all'Assoluto, al sacrificio gnostico. Elemento in mancanza del quale nulla si compie davvero. Il sacrificio compiuto per Amore è la differenza fra gnosi e illuminazione buddhista. Questa scelta rappresenta la Quinta Iniziazione dei Misteri Maggiori.

Nella considerazione filosofica che *nell'eternità il tempo eterno non può esistere* aggiungiamo che l'illuminazione buddhista ha comunque un potenziale termine, raggiunto il quale la Luce rientra nel ciclo del mondo materiale, il Samsara. Anche nella certezza che un distacco spirituale dal mondo nel godimento di un beneficio raggiunto finisce *inesorabilmente per consegnare una totale indifferenza alla sofferenza dell'uomo con il rientro nell'Ego mortale.*

Sono i Misteri Maggiori a rappresentare quasi totalmente il raggiungimento della Morte Mistica, *il dissolvimento delle proprie colpe nel corso della vita.* Esotericamente sono divisi in cinque differenti iniziazioni, simbolicamente rappresentate da cinque serpenti. Molto chiara la similitudine con Kundalini della filosofia orientale e il suo percorso attraverso i Chakra.

Il primo serpente corrisponde al corpo fisico. Al suo risveglio sale lungo il canale midollare aprendo l'iniziazione ai Misteri Maggiori e donando il potere di governare il primo degli elementi naturali, la terra. Il secondo serpente dona potere sull'acqua, il terzo sul fuoco, il quarto sull'aria. La quinta iniziazione come abbiamo visto è la scelta fra il godimento del Nirvana e il sacrificio di Cristo. In molti testi esoterici l'iniziazione passa attraverso la Magia Sessuale, in altri non è possibile senza ricorrere alla Magia Cerimoniale, altri ancora presentano riti evocatori di entità disponibili alla servile collaborazione con il mago. Sono documenti, oltre che potenzialmente pericolosi, dalla lettura sempre molto complicata. Apparentemente *più votati a dare sfoggio di cultura esoterica fra adepti* che alla una reale indicazione di una strada percorribile. Nei testi sulla filosofia orientale è possibile rilevare indicazioni ragionevoli, specialmente sulle prime personali sedute di concentrazione. Possiamo dire che seguono un cammino quasi parallelo alla gnosi, la differenza sostanziale è rappresentata dalla Quinta Iniziazione dei Misteri Maggiori.

Per un progressivo percorso mentale del pensiero gnostico è fondamentale insegnare a se stessi, unico riferimento il " *Io so di non sapere* " di Socrate. Sentirsi bimbi curiosi alla scoperta del mondo, piccoli esploratori che il padre sorveglia perché non si allontanino troppo. Gnosticismo è guardare il mondo attraverso una lente deformante, *presto ci accorgeremo quanto in realtà la deformazione è ciò che credevamo reale*. La gnosi strappa ogni pagina vergata dall'uomo, cadono millenari preconcetti e limitazioni imposte al pensiero. Cessa *la costruzione indotta del pensiero* ed inizia il *vero libro della conoscenza e del sapere*. Il più grande inganno nel quale siamo caduti è l'*imposta coscienza della morte come evento spaventoso e terminante*. Questo consegna all'esistenza un'affannosa ricerca della materia per sublimare la vita in una condizione accettabile, un esorcismo per scacciare la paura che in realtà è la chiave della nostra dura prigione. Non pensare alla morte per scacciare *il pensiero della vita transitoria* è un errore fondamentale dell'individuo, il *tempo umano è un granello di sabbia nell'eterna clessidra*. Qualsiasi cosa si ottenga sul piano materiale, per quanto grande possa essere agli occhi dell'uomo è unicamente *illusione condannata a trasferirsi nell'ombra*. La gnosi ci porta all'accettazione della morte per ciò che davvero rappresenta, *l'ineluttabile conclusione dell'illusione fisica preludio ad un nuovo inizio carnale o al ricongiungimento con lo Spirito Primordiale.* La morte è semplicemente la realizzazione spirituale del nostro percorso terreno, il Quinto Mistero Maggiore o il rientro nel ciclo della metempsicosi.

Avvicinarsi alla gnosi senza l'*adeguata preparazione mentale* o attraverso *riti ed evocazioni* è anche potenzialmente pericoloso, non solo per gli attacchi occulti degli arconti ma per *la deviazione che può produrre nella vita mortale dell'individuo.* Non occorre seguire le tracce di Eraclito che a torto o ragione consideriamo il filosofo del mondo antico più vicino allo gnosticismo. Di lui scrive Diogene Laerzio:

"E alla fine divenne misantropo. Si appartò dall'umano consorzio e trascorreva la vita sui monti, cibandosi di erbe e verdure"

Noi non siamo Eraclito, non lo saremo mai come mai saremo il Perfetto Cristo. Consideriamoci quindi unicamente semplici apprendisti "stregoni", ringraziando per la concessione di vedere oltre l'illusione donataci.

Lo gnosticismo è il vero antico cristianesimo, un percorso semplice costruito sulle Parole di un Uomo Semplice. Dottrina potente costruita sull'esempio sacrifico di un Uomo Potente. Insegnamento della Salvezza Eterna promessa dall'incarnazione umana di un Divino Salvatore.

Non esistono misteri e segreti, meglio sono solo il mezzo attraverso il quale l'insegnamento è stato tramandato nel secoli fino a noi. *Conservato integro ed essenziale dai Veri Custodi, violentato e gettato come meretrice sulla strada dai falsi profeti.*

Gesù Cristo non sceso fra noi con un *libro pieno di incantesimi e formule magiche* ma solo con *Se Stesso, la Sua Parola e il Suo Sacrificio,* per trasmettere a noi tutti la coscienza dell'evento primordiale, la consapevolezza della Verità e dell'Illusione presenti nel mondo dall'alba dei tempi e dimenticati.

Questa coscienza è il solo Segreto, l'origine di ogni cosa, il Libro Arcaico recante un potere inimmaginabile possibile di qualsiasi traduzione. Diventare Arca dell'Alleanza o Sacro Graal, Sacra

Sindone come ogni le reliquia cristiana inseguita dagli esoteristi. Può essere pagina del Corano, del Kybalion delle centinaia di vangeli, dei libri sacri ebraici come di qualsiasi testo di qualsiasi fede. E' presente in ogni angolo delle filosofie orientali ed illumina il Tao, lo Zen, rappresenta le spire di Kundalini. Non esiste alcuna differenza sostanziale se non quella disegnata dagli uomini seguendo la loro tradizione culturale, etnica, temporale e soprattutto conoscenza e innalzamento spirituale. Il Sacro Libro Arcaico ha attraversato il tempo e lo spazio, custodito da Guardiani della Parola che non conosceremo mai veramente ma sono e continuano ad esistere fra noi. Sono loro a *dividere le divisioni,* la loro sapienza contiene tutte lo scibile misterico. Sono assiri e caldei, persiani ed egiziani, arabi ed ebrei, tibetani, asiatici, maya e toltechi, greci, iberici, lusitani, provengono dalla tradizione tribale africana. Sono un'immensa Fratellanza Universale capace di trasmettere da sempre la conoscenza. Simboli, riti, incantesimi e formule magiche sono il loro codice di riconoscimento, la chiave che apre la porta del Mistero. Alcuni di loro hanno abiurato la loro missione, tramutandola in un percorso perverso diretto al potere. Sono loro gli occulti signori del mondo, i dominatori della materia, i corruttori e i satanisti. Si nascondono sotto cappucci di diverso colore, ammantati di verità fantasma impongono dogmi di fede e di vita, travolgono la coscienza di massa e la avvolgono con pece e melassa. Posseggono l'alchemica Pietra Filosofale esattamente come i Custodi del Libro Arcaico, dispongono della stessa loro sapienza. Vincono qualsiasi battaglia conducano attraverso potenti armi ed eserciti o altrettanto feroci invisibili condizionamenti. Il loro potere è in questo mondo, *è questo mondo.*

Nulla mai possono sullo Spirito, mai riusciranno ad annientare la Conoscenza. Bruciano un libro ed altri cinque vengono riscritti, uccidono un Custode ed altri sette ne prendono il posto, corrompono una dottrina e cento rivoli ne conservano la verità. In attesa del giorno dove la *Meretrice di rosso e porpora vestita, adornata d'oro e pietre preziose, dovrà scendere dalla testa della Bestia e l'illusione sarà chiara a tutti gli uomini.*

Per questo inganno malefico presente in ogni angolo della terra, prudenza e percorso individuale sono il solo "dogma" della gnosi. Non esiste nessun aiuto dove non vengano ipoteticamente celate trappole infernali. Lo gnosticismo e il Sacrificio possono incarnare nell'individuo un nuovo Custode dell'Arcano Libro ed un solo Perfetto rappresenta una grande minaccia per l'Ordine Illusorio, un altro potenziale conservatore del cristianesimo portatore della parola rivelatrice.

Il vero Cristianesimo *altro non è se non lo strumento scelto dal Dio di Luce per riaffermare la conoscenza primordiale, la coscienza dello Spirito.* Intenderlo come professione di fede appare profondamente riduttivo, limitarlo ad un campo d'azione umano teorizzante una religione di massa. E' invece il *Libro Arcano scritto dal Padre ed editato dal Figlio* che chiunque ne senta la necessità può studiare per giungere alla Salvezza. Al suo interno pagine dirette a tutti gli uomini, scritte nel linguaggio universale della Fratellanza.

Cercare le radici di noi stessi è essenziale per il compimento della nostra esistenza mortale, esula da qualsiasi intendimento si persegua. La vera ed unica iniziazione è raggiungere la consapevolezza che ogni essere umano è nostro fratello, il suo percorso imprescindibile dal nostro. Non esiste magia od incantesimo altrettanto potente quanto l'Amore insegnato da Gesù Cristo, davanti al quale si dissolve ogni potere terreno. Cerchiamolo dentro di noi, dove esiste da sempre. Non in templi di legno e pietra, non in libri o messaggi segreti, non nella parole di chi si professa maestro. Cerchiamolo laggiù, nei più profondi angoli del nostro essere, dove giace sommerso dalle macerie e dagli inganni. *Cercate e troverete* è il grande segreto di Cristo, *bussate e vi sarà aperto* la sua promessa eterna. Tutto è molto semplice come lui era semplice, tutto è potente come lui era potente. Tutto è vero, come lui sarà per sempre Assoluta Verità.

Homo Hereticus

Sulle orme gnostiche di Cristo

Indice:

William Giusti
Homo Hereticus
sulle orme gnostiche di Cristo

Savona 30 marzo 2018

www.ingramcontent.com/pod-product-compliance
Lightning Source LLC
Chambersburg PA
CBHW060516290526
45791CB00001B/406

9780244978488